CW01663295

AŞURE

Emine Nilgün Yurtsever

Enfield Libraries
91200000377487

Potkal Kitap Yayınları: 40

Aşure
Emine Nilgün Yurtsever

Genel Yayın Yönetmeni
Kadir Aydemir

Yayına Hazırlayan
Eda Alpaykut

Kapak ve İç Tasarım
Şendoğan Yazıcı

© Delta Yayıncılık, 2016

1. Baskı
Kasım 2016

ISBN 978-9944-9782-52-4

Baskı
Ezgi Matbaacılık San. Ltd. Şti.
Sanayi cd. Altay sk. No: 10/A Yenibosna Çobançeşme B.Evler-İstanbul
Telefon: 0212 452 23 02
Sertifika No: 12142

ı
Selma Apt. 67
0212 543 36 48
.potkalkitap.com
: 11223

'nın bir yayın markasıdır.

LONDON BOROUGH OF ENFIELD	
91200000377487	BFBA070077
BOOKS ASIA	11/01/2017
TUR 641.86	£16.00
ENRIDG	

AŞURE

EMİNE NİLGÜN YURTSEVER

- Anı - Yemek -

Emine Nilgün Yurtsever; 1956'da İstanbul'da doğdu. Beşiktaş Barbaros İlkokulu, Beşiktaş Kız Lisesi, Trabzon Cumhuriyet Okulu, Trabzon Ticaret, Beyoğlu Ticaret ve İstanbul Üniversitesi Şişli Siyasal'da okudu. Çok seyahat etmiş, değişik kültürlerde yaşamış, derdini anlatacak kadar İngilizce bilen özgür ruhlu biri. Ticaret hayatının birçok alanında çalıştı. 13 senedir Antikacı Dükkânı'nı yönetiyor. 2003'ten beri Cunda'da ikamet ediyor. 2008 yılından beri Dünya Kardeşlik Birliği Mevlana Yüce Vakfı üyesi. Balıkesir'de görevli. *Aşure*, yazarın *Bilge Ayna* adlı eserinden sonraki ikinci kitabıdır.

Bana "Aşk"ı tekrar yaşatan ve hatırlatan torunlarıma…

Yemek Listesi

BİR YUDUM LEZZET

Başarı göreceli bir kavramdır. Başarının hayattan lezzet alabilmekle ifade edilebileceğini düşünenlerdenim. Yaşamımda karşılaştığım büyük hayal kırıklıkları, yıkımlar ve darbelere rağmen başarıya ulaşmak için her olaydan bir lezzet almaya çalışmışımdır. Genç yaşlardaki beni; bugün varabildiğim tecrübe ve olgunluğumla irdelediğimde çok övdüğüm için, siz sevgili okurlarıma, göstereceğiniz anlayıştan dolayı şimdiden teşekkür ediyorum. O hırsımı, çok benimseyip severek yaptıklarımı, her ne kadar şimdi abartı olarak nitelendirsem de bugün bu kitabı yazacak gücü kendimde buluyorsam, "Beni" o günkü yaşadıklarımın yarattığını itiraf etmeliyim.

Bir yudum lezzetin gerçek kaynağı gıdalarımız, beslenme alışkanlıklarımız, yemek üzerine devamlı değişim gösteren tıbbi öneriler ile olmazsa olmazlarımız ve bu konuda kesinlik kazanmış 'cız'larımızdır.

Herhangi bir yemek kitabını açıp, ağza atılacak bir yemek yapabilirsiniz. Ancak yaptığınız yemek küçük bir farklılıkla parmak ısırttıracak lezzette de olabilir. Ufak detaylarla daha sağlıklı, kaliteli ve daha ekonomik beslenebilirsiniz.

Ben bu kitabımda mecaz anlamı ile bir yudum lezzeti açarken gerçek anlamdaki lezzetleri de profesyonel ve amatör mutfakta edindiğim tecrübelerimi ve araştırmalarımı size aktarmaya çalışacağım. Detay, püf noktaları ve sofranızda farklılık yaratacak yeniliklerle elinizin yanında olacağım.

Mutfakta adeta flört ederek pişirdiğim 'aşure' ile öyle özdeşleştim ki! O benim yaşantımı görsellerken, ben de onun şekeri oluverdim. Benim yaşantımda yer alan ve yaşamımı şekillendiren herkes aşurenin bir malzemesini simgeledi. Altmış senede yedi ayrı lezzette aşure pişti. Bunların sadece son ikisi benim tarifimdir. Çocukluğumuz, gençliğimiz hatta orta yaşlarda bile kaç kişi kendi inisiyatifi doğrultusunda bir yaşam yaşamıştır?

Bu kitabın içinde yer alan benim aşure yaşamımı okurken, sizin yaşamınızdaki malzemeleri ve ortaya çıkmış tatları hatırlatabilirsem ne mutlu bana...

28 Temmuz 2013

On sene emek verdikten sonra rafa kaldırdığım "Bir Yudum Lezzet" isimli denememi yıllar sonra okuyup, tekrar bugünkü bilincim ile kaleme almaya karar verdim. Bu çalışma bir biyografi değil, bir roman değil, sadece bir yemek kitabı da değil. "Bir Yudum Lezzet" gerçek ve mecaz anlamı ile yaşamımda edindiğim en değerli misyonum. Buna içimizdeki Pollyanna'nın temizliğini yaşam koşullarına, teknolojik boyuta uyarlayabilme yetisini kazanma rehberi de diyebiliriz. Ben yazarken, siz okurken bir yudum lezzeti yakalayacağız. "Bir Yudum Lezzet" benim felsefem, terapi anahtarım, antidepresanım ve en önemlisi siz sevgili okurlarla paylaşmak istediğim kitabım. Okuyanlara içsel yolculuklarında yol arkadaşlığı edecek bir rehber, bir ışık olsun diye derleyip toparladığım tecrübelerim, dahası damaklarda yer etmiş lezzetlerim.

Bu kitapta bastırılmış duygularınızı, özlem duyduğunuz yaşantıları, yaşadığınız günlük sıkıntıların feryatlarını bulabilirsiniz. Kitabı okudukça sevgi ve güvenle birçok sorunu halledebileceğimizi görebilirsiniz. Gülün keyfine varabilmek için dikenlerinden tutmak gerektiğini, hatta acı eşiğimizi biraz yükselttiğimiz zaman, büyük mutluluklara yelken açtığımızı öğrenebilirsiniz.

Yaşantımızda karşılaştığımız olumsuzluklar, terslikler neticesinde hep farklı ve beklemediğimiz boyutta güzelliklere sahip olmuşuzdur. Atalarımız onun için "Her şerde bir hayır vardır," demişler. Atasözleri nice gizli anlamlarla yüklüdür. Ben de bu atasözünden yola çıkarak "Bir Yudum Lezzet"i her koşulda kelam etmeyi kendime prensip edindim. Ve huzuru, mutluluğu böyle keşfettim. Kendimi buldum, herkesi olduğu gibi kabul ettim.

Çok zor şartlarda, başarısızlıklar, büyük maddi manevi kayıplar yaşadığım anlarda bile "Bir Yudum Lezzet" arayışım beni bunalımdan çıkarmış ve motive etmiştir. Olayların gidişine yorum yapmaktansa neticesini kabullenmiş, netice olumsuz da görünse, bir hayra vesile olacağını düşünmüşümdür hep. İnsanlara olumlu yaklaşabildikçe, yaşam ödüllerine kavuşmuşumdur. Yaradılış programının bize daha doğarken bahşettiği hazır sermayeleri fark ettiğimde bunlardan daha bilinçli yararlandım. Bu sermayeler; öncelikle zaman, sonra aile büyüklerimiz, daha sonra genetik yetilerimiz ve benim değerli danışmanım vicdanımdır.

Zaman: Hele şu son dönem dünya insanının gözlerinin içine en çok sokulan, hissettirilen en değerli sermayemiz. Emeğimiz zaman kıstas alınarak değerlendirilir, programlarımız bir zaman çerçevesinde hazırlanır, dünyaya gelişimiz kesin bir zaman dilimi ile ifade edilir. Zamanı kullanabilme başarımız ise yaşam sınavlarımızdan en önemlisidir. Önceliklerimizi belirlemek, yetiştiremeyeceğimiz şeyler için 'hayır' demesini bilmek, uyku ve yemek saatlerimizi düzenlemek gibi olmazsa olmaz prensiplerimiz olmalıdır.

Aile Büyüklerimiz: Öyle inanıyorum ki; biz onları seçtik, onlar bizi misafir ettiler. Bizim gelişim yolculuğumuzda tecrübeleri, gelenekleri, iç sesleri ile bize yardımcı olmaya çalıştılar. Onlar bizim öz kitaplarımız. Okuyabildiğimiz kadarıyla bizim olan varlıklarımız. Hiçbir bedel ödemeden sahip olduğumuz hazinelerimiz. Onları izleyerek kendimizi tanımlayabilir, onların sahip olduğu özellikler ve materyaller, iş portföyleri ve çevrelerinden yola çıkıp zaman kazanabiliriz. Bu hayata bir sıfır önde başlamak demektir.

Genetik Yetilerimiz: İnsanoğluna bahşedilmiş en önemli yetiler gülmek, gözleri ile konuşabilmek, sevgiyi ve coşkuyu ifade edebilmek değil midir? Bu özellikleri yerinde kullanabilirsek, mutluluğun ve başarının anahtarları elimizde olur. Genetiğimizde ben buna 'Yaşam Sandığımız' diyorum. Bu sandıkta bu özelliklerin saklı olduğunu unutmamalıyız.

Vicdan: Toplum içinde yaşayabilmek için ortak paylaşımlara, paylaşabilmek için kurallara ihtiyaç oldu hep. Çünkü kaçınılmaz zaaflar, egolar paylaşımlarda insanları zorlayabilir. İşte huzurlu yaşayabilmek için kişiler öncelikle vicdanlarının sesini duyup uygulayabilseler, ne kurallara ne de cezalara ihtiyaç kalmaz. Tabii ki, nefsine yenik düşmemiş bir vicdan bilincinden bahsediyorum. Dünya yaşamında her felsefenin ardına düştüğü 'adalet', 'vicdan'ın ta kendisi değil midir?

İnsanoğlunun toplum içindeki yaşantısını yönlendiren, huzurlu bir yaşam için gerekli olan bu dört olguyu yaşantımda gözlemlemiş, büyük dersler almışımdır. Kitabımın içinde anılarımı ve neticelerinde ulaştığım bir yudum lezzetleri sizinle paylaşacağım.

Kitabımda uygulamak istediğim bir sistem var. 2009 yılından beri içinde bulunduğum öğretiden edindiğim bir bilgiye göre, evrensel programda yer alan diğer galaksilerdeki yaşamlarda aile çok önemli bir birliktelik. Bu galaksilerde üçer kişiden oluşan her aile bir renkle isimlendiriliyor. Yeni kurulan aileler, geldikleri ailelerin renklerinin birleşiminden yeni renkler oluşturuyor. Bu silsileyi öğrendiğimde beni çok etkilediği için çevremdeki dostlarımı hep kendimce bir renk ile isimlendirdim. Kitabımda kişileri aile olarak bu renklerle ifade etmek istiyorum.

karnından çıkması, Hz. Musa'nın kızıl denizi geçmesi, Hz. İsa'nın doğumu, Hz. Adem'in tövbesinin kabul edildiği, Hz. İbrahim'in yanmaktan kurtulduğu, Hz. Yakup'un oğlu Yunus'a kavuştuğu ve Nuh'un Gemisi'nin sularının çekildiğinde, Cudi Dağı'na oturduğu günler miladi takvime göre Muharrem ayının onuncu gününe rastlamaktadır. İbranicede 'on'un karşılığı 'aşura'dır. Hz. Hüseyin'in Kerbela'da şehit edilmesi yine Muharrem ayının onuna denk gelir. 10 Ekim 680 (hicri 61)'de Kerbela'da ölen 72 kişinin anısına İslam âleminde bugün hayır günüdür. Evlerde kazanlarla aşure kaynatılıp konu komşuya dağıtılmaktadır. Müslümanların bir kısmının inanışına göre aşure günü tutulan orucun sevapları saymakla bitmez. Bir diğer kısım aşure gününden bir gün öncesi ve sonrası oruç tutulmasının mekruh olduğunu savunur.

Geçmişe baktığımızda geleneklerimiz ve inançlarımızın işaretlediği şekil ibadetlerini irdelediğimizde hepsinin altında yatan geçerli gerekçeleri ve nedenlerini görebiliyoruz. İnsanoğlu uyanışa geçtiği günümüzde inançlarını, dinleri, yaradılış programını sorguluyor. Şekil ibadetlerinden uzaklaşıyor. Henüz ulaşamadığımız teknoloji ve bilgiler, kim bilir bizleri daha ne kadar anlaşılır, sakin, nezih ortamlara çekecektir. Ancak yemek yeme ihtiyacımızı başka bir şekilde karşılayamadığımız sürece tat alma duyumuz önemini devam ettirecek. Ve bunun içindir ki, daha güzel lezzetleri insanoğlu devamlı arayacaktır. Yoklukta olduğu kadar malzemenin karışımı ile doymacasına yapılan aşure birçok öğretinin de simgesidir. Aşure gününde yapılan söyleşiler, insan ilişkilerini güçlendirme, çevremizdekileri tanıma, hayır işleme adına insanları düşünceye itmek, bunun keyfine vardırmaktır. Bir bakıma gerçek amacı budur diyebiliriz. Aşure gereği gibi yapıldığında, içinde çeşitli mineral ve vitaminleri içeren çok sağlıklı bir yiyecektir. Vücut direncini arttıran protein ve vitaminleri bol miktarda içerir.

Aşure Tatlısının Püf Noktaları

Aşurenin piştikten sonraki en iyi görüntüsü mümkün olduğu kadar açık renk (beyaza yakın) fon üzerinde renkli ve çeşitli kuruyemiş ve toz tarçınla bezenmiş olmasıdır. Muhallebi kıvamından daha az sulu olması tercih edilir. Ceviz, badem, fındık, nar, hurma, dut, muz, antep fıstığı temizlenip hiçbir değişiklik yapılmadan süs olarak kullanılmalıdır. Beyaz fasulye, nohut, gendime (aşurelik buğday), kayısı, incir, dut, dolmalık üzüm, pirinç, irmik en az 3 saat önceden ılık suda bekletilmelidir. Bütün malzemeleri pişmeden kesinlikle şeker ve süt katılmamalıdır. Baskın kokulara sahip gülsuyu, tarçın, çilek, sakız gibi malzemeler kararında konmalıdır.

Aşurenin içine konan malzemeleri kadar, pişirildiği kap da önemlidir. Dibi kalın, mümkünse kalaylı bakır bir tencere ve yine kalın dipli bir düdüklü gerekmektedir.

Aşure ile beraber pişmek gerekir. Başından ayrılmadan sık sık karıştırmalıdır.

Aşure zaman içinde coğrafik şartlara ve yöre alışkanlıklarına göre bazı bölgelerde farklı pişirilmeye başlanmıştır. Bunların içinde en aykırı olan, Çerkez aşuresidir. Çerkezler bir tutam şeker koymuşlar ancak tuzlu olarak pişirmişlerdir. Hatta üzerine süs meyvelerinden önce tereyağında kırmızı toz biberi kızdırarak dökmüş, ılık olarak yemeyi tercih etmişler. Bu aşure sürahilerden kaselere taksim edilecek kadar akıcı kıvamdadır. İsteyen istediği süs malzemelerini kendi kasesine istediği kadar alır.

Aşure; Bursa'da kestane, Karadeniz yöresinde fındık, güneyde yer fıstığı, Afyonkarahisar'da haşhaş, Güneydoğu Anadolu'da antep fıstığı, İç Anadolu'da kurban eti ile zenginleştirilmiştir. Güney'de ve Ege'de bademe ağırlık verilir. Konya'da kenevirle süslenir.

Zaman içinde aşure misafirlere sunulur olmuş, özel tasarımlarla aşure güğümleri, porselen, cam, opalin, seramik aşure sürahileri üretilmiştir.

Malzemeler:

1) Aşurelik buğday .... 1 ölçü
2) Beyaz fasulye .... 1 ölçü
3) Nohut .... 1 ölçü
4) Pirinç .... ½ ölçü
5) İrmik .... ¼ ölçü
6) Pirinç unu .... 1 tatlı kaşığı
7) Nişasta .... ½ tatlı kaşığı
8) Portakal rende .... 1 fincan
9) Limon rende .... 1 fincan
10) Sarı üzüm .... 2 fincan
11) Kuru kayısı .... 2 fincan
12) Dolmalık üzüm .... 1 fincan
13) Dolmalık fıstık .... 1 fincan
14) Kuru dut .... 1 fincan
15) Kuru İncir .... 2 fincan
16) Kuru hurma .... 1 fincan
17) Kestane .... 10 adet
18) Sakız .... 1 çay kaşığı
19) Ay çekirdeği içi .... 1 fincan
20) Karanfil .... 1 fincan
21) Gül suyu .... 1 çay kaşığı
22) Tuz .... 1 çimdik
23) Şeker .... 3 ölçü
24) Su .... 6 ölçü
25) Süt .... 3 ölçü
26) Ceviz .... 20 adet

27) Badem.. 20 adet
28) Hindistan cevizi rendesi.......... ½ fincan
29) Antep fıstığı................................ 1 fincan
30) Fındık.. 20 adet
31) Çörek otu............................ 1 çay kaşığı
32) Tarçın................................. 1 çay kaşığı
33) Portakal...................................... 1 adet
34) Taze kayısı................................. 5 adet
35) Avokado...................................... 1 adet
36) Kivi.. 5 adet
37) Çilek... 10 adet
38) Muz.. 2 adet
39) Mandalina................................... 2 adet
40) Elma... 1 adet
41) Nar... 2 adet

YAPIMI:

Yukarıdaki malzemeleri itinayla seçeriz. İtina ile diyorum çünkü bu kadar çeşit içinde gözden kaçırdığımız çürük, bayat bir malzeme onca masraf ve emeğimizi heba eder. Ayrı ayrı kaplarda beyaz fasulye, nohut, aşurelik buğday, pirinç ılık suda bekletilir. Islatma olayını geceden yaparsanız, daha iyi netice alırsınız. Kuru kayısı, kuru incir, kuru dut, kuru üzümler ayrı kaplarda ılık suda ıslatılırlar (İyice yıkayıp toz ve çöplerinden arındırmak gerekir). Kendinize ölçü olarak bardak, cezve, fincan gibi bir kap edinin. Malzemeleri hep o ölçü kabıyla oranlayın. Genellikle standart su bardakları 200 gramdır. Bunu baz alırsak bir bardak aşurelik buğday ile yapacağınız aşure yaklaşık (porsiyonları 200 gr. düşünerek) on beş kişilik olur. Daha az veya çok miktarda yapmak istediğimizde malzemeleri orantılarken su, süt ve şekeri kararını kollayarak katmalıyız.

Bol yıkanıp suda şişmiş buğday, pirinç ve irmiği hazırladığımız ölçülü su ile düdüklüde düdüğü öttükten sonra 15 dakika pişiririz. Ocağı kapattıktan sonra buharının çıkmasını beklerken malzeme dibine çöküp yapışabilir. Onun için musluğun altında düdüklünün havasının bir an önce çıkmasına yardımcı olup, hemen kapağını açmalıyız. Pişen malzemeyi yapacağımız aşurenin tümünü içine alabileceğini düşündüğümüz büyük bir tencereye boşaltırız. Bu tencere ayrı bir ocakta kısık ateşte kaynamaya devam ederken, yine düdüklüde fasulye ve nohudu (beraber) öttükten sonra 15 dakika pişiririz. Pişen malzemeyi süzüp büyük tencerede kaynamakta olan buğdayın içine ilave ederiz. Ara ara karıştırarak dibine çökmesine izin vermemek gerekir. Bu arada kuru meyveler (kayısı, incir, dut, üzümler, erik) bir tencerede üstüne çıkacak kadar su eklenerek 10 dakika kaynatılıp süzülür; badem büyüklüğünde doğranıp büyük tencereye katılır. Karanfil, limon kabuğu rendesi, portakal kabuğu rendesi, dövülmüş sakız, gül suyu ve süt ilave edilir. Sık sık karıştırılarak yarım saat malzemelerin birbiri ile bütünleşmesi sağlanır.

Diğer tarafta kestaneler çizildikten sonra düdüklüde pişirilip hazır edilir. Ay çekirdeklerinin içi ayıklanır. Bademler sıcak suda bekletilerek soyulur. Hurmaların çekirdekleri, yaş meyvelerin kabukları ayıklanır. Narlar tanelenir. Pirinç unu ve nişasta küçük bir kapta su ile ezilerek pişirilip boza kıvamında yavaşça tencereye katılır. Kısık ateşte tüm malzeme bir saat kaynadıktan sonra şeker ve bir çimdik tuz ilave edilerek devamlı karıştırılma safhasına geçilir. Bu aşamadan sonra yaklaşık 10 dakika sonunda aşurenin pişirme işlemi bitmiş olur.

Kaplara bir kepçe yardımı ile paylaştırılıp hazırladığımız aşure üzerine süs malzemelerinden azar azar yerleştiririz.

Verdiğim tarif 41 çeşit hedefine varılacak malzemeye göredir. Birçok kişi bu çeşitlilikten hoşlanmaz. Bunun için daha az malzeme ile yapılacak bir aşure istenirse; en ideal aşurenin bilindik malzemelerini şimdi sıralayacağım. Pişirme tarifine sadık kalırsanız bu malzemeler de yeterli olacaktır. (Aşurelik buğday, pirinç, kuru fasulye, nohut, kuru kayısı, kuru incir, sarı üzüm, karanfil, şeker, su, ceviz, nar, badem, tarçın) 15 adet malzeme ile de gayet güzel bir netice elde edeceksinizdir. Ölçülerde bir değişiklik yapmanıza gerek yoktur.

Ben Emine Nilgün

Emine Nilgün; benim dünyaya bu gelişimdeki ismim bu. Kim bilir önceleri nerelerde, ne isimlerde bu yaşamımın alt sınavlarını verdim. Bedenimde seçtiğim bu ortamda geçirdiğim altmış dünya yılında bana lezzet katan, beni daha mükemmel kılan bir yığın insan ve olayla tanıştım.

Benim yaşamım aşure ise; ben ana malzemesi tadıyım. Şekerim.

Diğer malzemeler beni bugünkü ben yapan olaylar, kişiler.

Sene 1956. İstanbul Elmadağ'daki Fransız Hastanesi'nin koridorlarında otuz beş yaşındaki babam sevinç gözyaşları dökmekte. Biraz önce kızının doğumunun haberi gelir. On dört sene sonra eşini bir çocuk daha doğurmaya ikna etmiştir. İlk çocuklarına çok küçük yaşta sahip olmuşlar, adeta çocukları ile beraber büyümüşler. Ben babam tarafından çok arzu edilen bir çocuktum. Annem için pek öyle olduğu söylenemez. Yaşamım boyunca babamın varlığını hep omzunun başında hissetmişimdir. Annem, çevresinin daima takdirlerini kazanan mükemmel insan vasıflarına haiz çok güzel bir kadındı. İlgisini, sevgisini göstermezdi. 10 Temmuz 1956 günü başlayan aşure yaşamımın buğdayı; sevinç gözyaşları ile beni karşılayan babam, suyu ise; doğuran annemdi.

Mitolojideki Buğday Tanrıçası Demeter'in yapısı ile babamın konumu, ve yaşadıkları özdeşleşir. Efsaneye göre Demeter; Kronos ve Rhera'nın kızıdır. Mevsim ve bereket tanrıçasıdır. Bir elinde meşale, bir elinde buğday başağı vardır. Zeus'tan bir kız çocuğuna sahip olur. Yaradılış programında görevi insanlara temel gıdası buğdayı ve bereketi tanıtmak, toprağı verimli hale getirmeyi öğretmektir. Demeter önce bu göreve razı olmaz. Onun üzerine sistem çok sevdiği kızının önüne karşı koyamayacağı ölüm ülkesinin meyvesi narı çıkartır (Bu meyveyi tadanlar bir daha toprak üstüne çıkamazlar). Demeter'in kızı da bu tuzağa düşmüş, ölüm ülkesine kaçırılmıştır. Kızı Pensephon yer altı dünyasının tanrıçası olmuştur. Kaçırılan kızının peşine düşen Demeter, sonunda görevini yaparsa belli bir süre kızını görebileceğini anlar ve tüm toprakları buğdayla yeşertir. Üç ay boyunca yeşil kalır. O da, bu zaman zarfında kızını görür.

Yunan mitolojisinde bahar, Demeter anılarak karşılanır.

Demeter misali babam da kızına çok isteyerek kavuşmuştur. Ancak karısına olan zaafı, kızına zamanında, gereken yerde, gereğini yapmasına engel olmuştur. Kızının kendi yaşamında yaptığı değişiklikler onu korkutmuş, yanında yardımcı olması gerekirken kızını dışlamıştır. Bu davranışından dolayı uzun süre kızından uzak kalmıştır. Ve neticede bedelini fazlası ile ödeyerek kızına kavuşmuştur. Babam onun için Demeter'in temsil ettiği 'Buğday'dır.

Anne; 'su'dur. Su dünyanın ¾'üdür, denizdir, nehirdir, göldür, yağmurdur, kardır.

Su; yaşamın temel ihtiyacıdır. Su; bilgidir, taşıyıcıdır, ulaştırıcıdır. Su; kirli de olsa, mikrop da taşısa vazgeçilmezdir. Su misali 'ana' tek vazgeçemeyeceğimiz, öz kaynağımızdır.

Aşuremizin vazgeçilmez malzemelerinden beyaz fasulye anneannemdir. Çocukluğum boyunca alt bilincime yerleştirdiğim birçok bilgi, görgü ve faziletin kaynağıydı anneannem. Fasulyenin Amerika'dan başlayan yolculuğu ve Kırım'dan sonra geldiği ülkemizde (milli yemek oluşunu düşünürsek), anneannem ile yazgılarının aynı olduğunu görürüz.

Anneannem kendinden on yaş büyük ablası ile Tekirdağ'daki abisinin çiftliğine Avusturya'dan muhacir olarak getirildiklerinde daha üç yaşındadır. 1915'te daha genç kız olmamış ancak yaşının üstünde gelişip güzelleşmiş bir kızken, Çanakkale Savaşı'na katılmak üzere yola çıkmış bir tabur denizci bu çiftlikte konaklar. İçlerinden Rize Mapavri'li (Çayeli) denizci, bu güzel kıza ilk görüşte âşık olur. Bu güzel kızın çiftlik sahibinin kardeşi olduğunu öğrenir ve yanına giderek, "Taht-el bahir ile savaşa katılıyoruz. Gidip de dönmemek var. Allah nasip eder sağ salim başarı ile dönersek kardeşini bana verir misin?" der. Pehlivan Ali "Yiğidim, sen hele sağ salim dön, o da evliliğe hazır olsun kardeşim senindir," diye cevaplandırır.

Harbe giderken koca bir tabur oluşturanlar 1916 yılının ilk aylarında bir avuç asker olarak geri dönerler. Yine mola yeri Pehlivan Ali'nin çiftliğidir. Güzel kardeşi artık genç kız olmuş mavi gözleri aklından gitmeyen sözlüsünü beklemektedir. Sözlüsü sağ salim döner. Pehlivan Ali şanına yakışır bir düğün yaparak kardeşini denizciyle evlendirir. Süslü püslü at arabası ve bir sandık çeyiz ile kardeşini teslim ederek uğurlar. Önce Rize'ye giderler. At arabası ile Türkiye'yi batıdan doğuya birçok yerde kalıp mola vererek kat ederler. Rize, Çayeli yeni gelinin yaşayabileceği bir yer değildir. Çay ve tütün bütün yaşamlarıdır. Pontus kökenli ailenin içlerinde katı kuralları olan bir yapıları vardır. Gülizar adım attığı her yerde insanları durup kendine baktıracak güzellik ve vakur bir görünüme sahiptir. Daha Rize'ye geldiğinde görenler "Saraylı" diye lakap yakıştırırlar. Murat, kendinin ve karısının huzuru için paraya çevirebildiği kadar malını satıp karısıyla İstanbul'a Fatih'e yerleşir. Üç katlı ahşap bir ev ve yanı başında bir kahvehaneyi alır. Önce oğulları doğar. Oğulları daha bebek yaşında ölür. Anneannem ileri yaşlarında oğlundan bahsederken, 'Öyle güzel ve gürbüzdü ki, nazardan çatladı,' diye anlatırdı. Daha sonra kızları dünyaya gelir. Bu güzel kız annem Sevim'dir. Oğullarının ölümü ardından Murat ve Gülizar'ın tek tesellileri olmuştur. Çocukluğu Fatih yokuşunda geçen kızlarının burayla ilgili son anısı; alevler içinde yanan evlerinden babasının bir gardıroba sarılarak çıkışı olur. Bütün varlıkları evleri ve iş yerleri büyük Fatih yangınında kül olmuştur. Dedem ailesini Beşiktaş'ta kiraladığı eve getirdiğinde kızının istikbaline doğru yola çıktıklarını doğal olarak bilemezdi tabii.

Kızları annesinin azametini, babasının renkleri ile karıştırmış bir Mitos'tur. Anneannem gözü gibi büyüttüğü kızını kimselere kaptırmaya niyetli değildir. Çok büyük laflar eder. Ancak, daha lise çağında Beşiktaş'ın ileri gelen ailelerinden sarayın mutfak şefi Bolulu Kara Mehmet Ustanın oğlu, bıçkın delikanlı kızlarına abayı yakmıştır. Annem daha on beş yaşındayken (1941'de) şehir kulübünde yapılan düğün ile babamla evlenir. 1942'de oğullarını kucaklarına alırlar. Annem harp yıllarının zorluk ve yokluğu içinde kocası askerde, kayınvalidesinin evinde kiracı olarak oğluyla beraber büyür adeta. Babam asker dönüşü babasının Beyoğlu'ndaki lokantasında, nakliyat yapan kamyonlarında çalışarak hem ailesini geçindirmeye çalışırken küçük yaşta evlenmenin getirdiği yaşanmamışlıkları ile gençliğinin günahlarını da yaşamaktadır. Babamın diktatör, asabi, titiz ve çapkın bir yapısı vardır. Anneannem ileri senelerde bana damadından bahsederken, "Bak kızım, üç çeşit deli vardır: Zır deli, zır zır deli, bir de hınzır deli. Senin baban bu üçüncü sınıfa girer," derdi.

Aşure yaşamımın temel malzemesi beyaz fasulyenin derin felsefeleri içeren çok özlü sözleri vardı. Unutmadığım sözlerinden biri de, "Güzel olmayı herkes ister, ancak bunu taşıyabilmek çok zordur. Taşıyabilirsen vezir, beceremezsen rezil olursun," derdi. Güzelliğinin farkında ve sorumluluğunda yaşamış olarak hep örnekler anlatır, beni kötü niyetlilere karşı adeta korumaya çalışmak için korkuturdu.

Anneannemler Beşiktaş'ta kirada otururken o dönem şehri terk eden gayrimüslimler bir an önce paraya çevirebilmek için düşük fiyata evlerini, arsalarını, eşyalarını satıyorlarmış. Dedem Ortaköy'de böyle bütçesine uygun harap bir evi alıp, tamir etmiş. İstanbul'da yeniden bir ev sahibi olmuşlar. Bıçkın delikanlı, kızlarının peşinde nereye gittiklerinden haberdar olacak beş kardeşine rüşvet dahi teklif edermiş. Yavuklusu sokağa çıktığında haber verene para veriyormuş. Babam bisikletinin tepesinde meşin ceketi, limonla başına yapıştırdığı saçları ile döneminin artistlerinden Clark Gable'a çok benzermiş. Annem yapısı itibari ile hislerini ve tepkilerini belli etmeyen, sunulan yaşama kendini teslim eden biriydi. Güzel, duru, sakin, acılarını da, sevinçlerini de içinde sessiz yaşayan bir kadındı. Fazla bir eğitimi olmamasına rağmen bilge bir görüntü sergiler, sessizliği tevazu olarak nitelendirirdi. İlk çocukları oğlu Oktav, o günün şartlarında evde ebeyle dünyaya gelmiş, kırklı yılların harp zorlukları içinde büyümüş ailenin ilk torunuydu. Annem, on altı yaş bedeninin gevrekliği ile çok zor bir doğum yapmış, eline oyuncağı gibi sunulmuş çocuğunu, gerçek aşkını çok zor şartlarda büyütmüş. İkinci bir çocuğu asla istemediğini söylerdi. On üç yıl sonra kazara hamile kalmış, babamın doktorla yaptığı anlaşma neticesinde üç ay annemi oyalamışlar. Bu hamilelikten kurtulması mümkün olmamış. İşin özü, annem tarafından istenilmeyen bir bebektim. Doğduğumda babam kız olduğunu duyunca, daha önce de değindiğim gibi sevinçten deliye dönmüş. Doğduğum dönem ülkede olduğu gibi aile içinde de bir kalkınma söz konusuymuş. Babam Sirkeci Gümrüğü'nde muayene memuru olarak çalışmaya başlamış. İlahe gibi gördüğü karısını mutlu etme adına gençlik yaşantısının uçarılığından eser kalmamış, komşuları eve gelişinde adeta saatlerini ayarladıklarını söylerlerdi. Babam karısının fasıl ve gece hayatına olan tutkusuna göre programlar yapar ve yurtdışı seyahatlerinin çok gündemde olmadığı o dönemlerde her sene bir kere Avrupa ülkelerine geziye giderlermiş annemle. Dışarıdaki gece hayatına ilaveten evde ve sayfiyede de akşam içkili yemek ziyafetleri eksik olmazmış. Hatırlıyorum, dönemin assolistlerinden birçoğu aile dostlarımızdı. Ev toplantılarına da katılır olmuşlardı. Ben bu sefa âlemi içinde büyüdüm. Aşure olma yolculuğunda çocukluk yılları yatak odasından duyduğum eğlence seslerini dinleyerek, bütün gün yapılan hazırlıkları, kurulan sofraları izleyerek geçti. Babamlar geceyi dışarıda geçireceklerse, genç yaşında vefat eden amcamın aynı mahalledeki evine gönderilirdim. Geceyi de orada geçirirdim. Benden büyük iki, bir de küçük üç kuzenim ile dört çocuk çok başka bir dünyada yaşardık. O geceler çocukluğumun en güzel anılarıyla doluydu. Yengem ve kuzenlerim, Aşure Yaşamımın pirinciydi.

Mitolojide cinsiyeti belli olmayan yaşlı tanrı 'İnari' sırtında iki çuval pirinç taşıyarak görüntülenmiştir. Pirincin kullanımı M.Ö. 3000 yılında Hindistan'a dayanmaktadır. Türk topraklarına 500 yıl önce girmiş ve temel yiyecek olmuştur. Pek çok çeşitte yemekleri yapılmaktadır. Doğal hali ile kullanıldığında birçok faydalarının bilinmesine rağmen, piyasada cilalanmış haliyle satılıp, tüketildiği için tıp adamları sağlık açısından az kullanılmasını tavsiye etmekteler. Denilen o ki, cilalama esnasında tüm iyi özelliklerini yitirip sadece nişastası açığa çıkmaktaymış.

İşte böyle bir malzeme ile özdeşleşti büyük amcamın ailesi. Arnavut asıllı yengem otuz dört yaşında üç kızıyla dul kalınca, bir daha evlenmeyi düşünmediğini söyleyerek babamın himayesinde çocuklarını büyüttü. Evinin hem erkeği hem de kadını oldu. Babam diğer aile fertlerine gösterdiği hamiliğini belki daha da fazlasını yetim yeğenlerine de göstermişti. Köklerinden aldığı terbiyenin ve inançların ışığında üç genç kızı aslanlar gibi yetiştirdi. Fatma Yengem ekonomik krize, mahalle baskılarına, kızlarının zaman zaman isyanlarına rağmen dimdik ayaktaydı melun hastalığa yakalanana kadar. Pirinç de öyle değil midir? Her şartta sele, rüzgâra, kuraklığa rağmen yetişir, eğilir, yine de meyvesini verir.

Ben, aşure yaşamın şekeri. On yaşında yeni gelişmeye başlayan bir kız çocuğu için evde abla, abla yoksa anne bir örnektir. Annemle aramdaki yaş farkı ve onun sevgisini ilgisini saklaması hasebiyle onu örnek alamadım. Aramızda adı konulmamış bir gerilim, sessiz bir çekişme vardı. Ağabeyimin üniversitede okurken aniden evlenmesi ile evimize 1965 yılında genç, güzel bir gelin geldi. Aşure yaşamımın nohuduydu. Bana abla oldu, sırdaş oldu, örnek model oldu.

Nohut mitolojide 'Arkas'la anımsanır. Arkas, bolluk, bereket, doğurganlık, zenginlik tanrısıdır. Aynı zamanda 'Şalgam Tanrısı' olarak da bilinir. Zeus'un Kallestro'dan olan oğludur.

Yengemin eve gelişi ile ailemizin yaşam şeklinde birçok değişiklikler olmuştu. İstanbul'un en güzel sayfiye yerinde büyük bir bahçe içinde bir yazlık yalı alınmış, araba değiştirilmiş, hatta ağabeyime de anneannemin ölümü ile kalan mirastan bir araba alınmıştı. Askerlik bitimine kadar üç sene beraber oturmuştuk. Ayrılırken onlara da, İstanbul'un yine en mutena semtlerinden birinde bir ev alınmıştı. Yengem nohut misali bereketi ile gelmişti.

Ben Nilgün: aşure yaşamının şekeri. On yaşına kadar malzemesi yetersiz, ne lezzette bir şey olacağı belli olmayan bir yaşamın arifesindeydim. Evimize çok yakın mahalle ilkokulunda sabahın saat dokuzundan öğleden sonra üç buçuğuna kadar vasat bir öğrenci olarak okuyordum. Çocukluk yıllarımın çok bilinçsiz geçtiğini düşünüyorum. Hele şimdiki çocuklarla kıyaslarsak, evimize yeni giren düzgün bir yayın sistemi olmayan bir televizyonun katkısından başka aile görgüme ilave olacak hiçbir etkinlik yoktu. Lisan kursları, spor aktiviteleri, kreşler henüz temel ihtiyaç halini almamıştı. Onun için donanımı yetersiz ancak tabiat içinde hür bir çocukluk geçirdiğimi hatırlıyorum.

-1-
ÇEKİRDEK AŞUREM

On yaşıma kadar olan yaşantım çekirdek ailemin kaliteli malzemeleri ile benim bilgim ve ilgim dışında pişmiş. Ben sadece şekeri olarak görevimi yaptığımı, bunun dahi farkında olmadığımı biliyorum. Zira o günlere ait beni anlatacak hiçbir anı ve sıfata sahip değilim. Evet, sadece babamın zaman zaman 'Manolyam' bazen de 'Peri' diye seslenişi hala kulağımdadır.

Sene 2014

Ben aşure yaşamımın şekeri. Çok dikenli, meşakkatli ve uzun yollardan geçerek geldiğim yerden son derece memnun ve huzurluyum. Varlığından bir zamanlar şüpheye dahi düştüğüm tanrıma devamlı hamd ediyorum. Pişerken kimi zaman dibini tutturduğum, zaman zaman kattığım malzemelerinden pişmanlık duyduğum, ancak son haliyle kâselere boşaltıp üzerinin süslerini ilave ettiğimde bu aşurenin bildiğim emsalleri içinde sıralamaya girebileceğine emin olarak hamd ediyorum.

Sizlere çekirdek aşuremden sonra altı ayrı yaşam aşuremin daha tarifini vereceğim. Yaşam aşuresinin olmazsa olmazlarından bahsedeceğim. Bozuk malzemeler, yetersiz ateş, yanlış tencerede olsa bazen pişmesi gereken lezzetsiz aşureler de vardır. Tecrübe ile en iyi neticeye ulaşırız. Bulunduğumuz uyanış dönemi zamanın dürüldüğü, israf edilecek zamana yer olmadığı bir dönem. Onun için bu dar zaman diliminde zannediyorum ki, insanlar kaldırabilecekleri kadar sınavlarla denenip, çözümler üretip bu çözümleri çevrelerine yansıtıyorlar. Bu arada da değişik lezzetlerde birçok tarife sahip oluyorlar.

Ben Nilgün;
Mengen'li Zenoğlu Kara Mehmet Usta'nın torunu

'Mutfak' benim çocukluktan beri gözümün önünde, kulağımın dibinde devamlı telaffuz edilen bir kelime. Büyük babam Bolu Mengen kökenli Zenoğlu Kara Mehmet Usta. Dolmabahçe Sarayı'nın son mutfak şefiymiş. Türk aşçılarını yetiştiren saray mutfağının iki baş aşçısından söz edilir. Biri büyük babam, diğeri Tataroğlu Halil Usta'dır. Büyük babamdan bir önceki şef de yine soyumuzdan büyükbabamın amcası Eyüp Ustaymış. Büyük babam İstanbul'da saray mutfağına çağrıldığında, elinde bir kızı, doğum yaparken kaybettiği karısının yüreğinde acısı ile büyükannemin evinde kiracı olmuş. Büyükannemin kökenleri Karadeniz İkizdere'ye dayanıyor, İlk eşini harpte şehit vermiş, kucağında oğlu, kocasının ilk eşinden yadigâr kızı (on yaşında) yanındaymış. Çırağan Sarayı'nın karşısındaki evinde şehit maaşı ve bir katından aldığı kira ile geçinmekte. Zaman içinde mahalleli, çocukları ile dul kalmış, acılı bu iki dostlarını baş göz ederler. Bozyiğit ailesinin ilk çocukları babamdır. Sonra iki amcam, iki halam daha dünyaya gelir. Bu meyanda evde sekiz çocuk olmuştur. Büyükbabamın ikinci büyük acısı ilk eşinden yadigar Yaşar halamın vefatıdır. Büyükannemin ilk eşinden yadigar kızı Nimet halamı da büyükbabamın yeğeni ile evlendirince, onların çocukları ile de kan bağı oluşmuş olur. Bu kalabalık aileyi bugünlere taşıyan güçlü kişilik, evin hem kadını hem erkeği olan büyük annemdir. Astığı astık, kestiği kestik bir Osmanlı kadını. Rahmetli annem kayınvalidesinden bahsederken, 'Saygı ve korkudan konuşurken gözüne bakamazdık,' derdi. Evde kocasını mutfağa hiç sokmaz, eleştiri asla kabul etmezmiş. Anlaşılan, sessiz ve derinden bir rekabet içindelermiş. Büyükbabam çocuklarının kendi mesleğini devam ettirmesini istememiş. Okumaları için çok gayret etmiş. Biz torunları, hem okullarımızı okuyup kimimiz profesyonel anlamda, kimimiz de ev mutfağımızda ata yadigârı becerimizi devamlı kullanmışızdır. Büyükbabam günümüze kadar isimleri duyulmuş nice usta aşçıların duayeni, ustası olmuştu. Mengen'den gelen yeğenleri Necip Usta, İlyas Usta Dünya'da ve Avrupa'da değişik branşlarda büyük ödüller almışlar, birçok dillere çevrilen kitaplar yazmışlardır. İlyas Usta genç yaşında Efes Oteli'nin mutfağını idare ederken otelin kasabı tarafından bıçaklanarak öldürülmüştür. Necip Usta son otuz yıldır Atlanta'da yaşamaktadır. Üç ayrı dilde kitaplarını bastırmıştır.

Ailemizde annelerimizden çok mutfağa, babalarımız hâkimdir. Saray mutfağının düzeni, güzelliği nesillerdir masalarımızda tatbik edilir. Ben özellikle bilgilere, püf noktalarına sahip olmak için her fırsatta babamı konuşturur onun yaşayarak anlattığı anıların içinde kaybolurdum. Büyük babam Zenoğlu Mehmet Usta son saray mutfağının yanı sıra; İran Şahı Rıza Pehlevi'nin ziyafet sofralarının aşçısıymış. Son döneminde Savarona yatında Atatürk'ün perhiz yemeklerini yapmış. Çınar Oteli'nin mutfağını kurmuş, babam da yanında yaverlik yapmış. Babam mutfağa fazlası ile önem verir, özel davetler hazırlamaktan müthiş zevk alırdı. Küçük yaşımdan beri onu mutfakta izlemekten ben de çok keyif duyardım. Kalın parmakları ile kontrfile dilimlerini tahta üzerinde inceltir, tereyağını ete yedirirdi. Tavuğu iki eli arasında sıkıştırır kaslarından kurtarır, pöçünün yağını tavuğu ateşe koymadan muhakkak bıçağın ucu ile çıkarırdı. O yağın kötü bir koku yayıp yemenin keyfini kaçıracağını söylerdi. İç yağlarını minicik doğrar iki kaşık kadar su ile ateşe koyar yakmadan erimesini sağlardı. Bu yağda önce tavuğu çevirir, sonra suyunu tuz ve şekerini katarak pişirirdi. Sebzeleri pişirirken tencerenin içine muhakkak bir tabak kapatırdı. Havuç ve sarımsağı esirgemeden kullanırdı. Köfte dışında hiçbir yemeğin soğanını rendelemezdi. Pirinç, bulgur, makarna ve dikenli sebzelere (patlıcan, enginar gibi) konan yağın boşa gitmeyeceğini söylerdi. Baba evinden ayrılıp kendi mutfağıma geçtiğimde, o güne kadar hiçbir yemek deneyimim olmamasına rağmen, her yemeği sanki ustasıymış gibi yapar olmuştum. Bu, devamlı dikkatle izlememden ve tat alma duyumdan kaynaklanıyordu. Yemek yaparken hep babamı hami dostum olarak omzumun arkasında hissetmiş, onu mahcup etmeme adına dediklerine uymaya çalışmışımdır.

Mutfaktaki çalışmalarımız teknolojinin getirdiği kolaylıklarla daha keyiflense de, bazı yeniliklerin bilinçli kullanılmasını öneriyorum. Hamur yoğurma makinesinin kolaylığı tartışılmaz. Ancak, belli bir kıvama geldikten sonra temiz tezgâh üzerinde elimizin ayası ile ona bütün enerjimizi, sevgimizi katarak yoğurmayı tamamlamalıyız. İnsanoğlu; son yıllarda kendinin de farkına varmaya başladığı, yoğun bir enerji topudur. Beyin ve sevgi sinyalleri ile bu enerji yönlendirilir. Bilinçli bir insan yarattığı her şeye bu enerjisinden katar. Kaba madde bu enerji ile olgunlaşır ve yaşar. Yaptığınız yemeklerin beğeni almasının ardında yüzde elli bu faktör yatar. Yorgun argın, sinirli ya da yok dememek için kerhen yapılmış yemeklerimizden keyif almak mümkün değildir.

Büyük babamın sürekli kullandığı baharat torbaları varmış. Halden gelen sebzelerin sapları, çekirdekleri, kabukları temiz yıkanıp, kurutulduktan sonra avucuna aldığı tuzla ovulur ve küçük tülbent torbalara doldurulup ağızları bağlanırmış. Tencerenin içine bırakılır, yemek piştikten sonra sıkılarak atılırmış. Buz kaplarında konsantre donmuş et ve tavuk suları, konservelenmiş yeşil biberli domates karışımı (menemen), kavanozlarda haşlanmış nohut, fasulye, maş, börülce cankurtaran olarak bulunurmuş. Bugün ben de mutfağımdan bunları eksik etmemeye gayret ediyorum.

-2-

ÖĞRENİM AŞUREM

Ben on yaşındayken ailemize bir bebek katıldı. Hala olmuştum. Ağabeyim henüz yüksek tahsilini bitirmeden evlendiği için eşiyle yanımızda kalıyorlardı. Hemen bir oğulları olmuştu. Bana kardeş gibi gelmişti. Benim ilk aşkım, Aşure Yaşamımın kuru kayısısıydı. Turuncu renginde olan kayısı mitolojide yeniden doğuşu simgeler. Yeğenimin doğumuyla birlikte ben de yeniden var olmuştum. Var oluşumun bir nedeni olmuştu. Onun için Hakan'ı kayısı temsil edebilirdi.

Mitolojide Titan Sykeus, Zeus tarafından takip edilen annesini korumak için İncir ağacını yaratır. Kökleri çok geniş bir alana yayılan, uzun ömürlü, çok yaygın dağınık ve gevrek dalları olan bir ağaçtır. Çok yönlü besleyici özelliği olan bir meyvesi de vardır. Annesini ağaç korur ve besler. Aynen ağabeyimin misyonu gibi. Annesine çok düşkündür ve kırılgan bir yapıya sahiptir. Annemin yaşam sebebi, adeta gıdasıdır ağabeyim.

Annem (su), babam (buğday), anneannem (beyaz fasulye), kuzenlerim (Pirinç), ağabeyim (incir), yengem (nohut), yeğenim (kuru kayısı) ve ben (şeker) kadro olarak çekirdek aşure yaşamımın temel malzemeleri, bana kimlik kazandıran kişilerdi.

Yeğenimin doğumuna kadar, beni ifade edecek önemli bir anım yok. Sanki on sene yaşanmamıştı. On sene bir hüda-i nabit gibi yaşamıştım.

Yeğenimin doğumu ile sevgiyi, sahiplenme duygusunu, en önemlisi sorumluluğu tanıdım. Bu konularda yeğenime gösterdiğim ilgi ve şefkat kimsenin umurunda değildi. Benim hayatım adeta ona odaklanmıştı. Yakın çevremden bekleyip bulamadığım sevgiyi, onun siyah gözlerinin derinliklerinde, sıcak dokunuşunda, "Hala" deyip sahiplenişinde buluyordum.

Daha sekiz yaşında böbrek taşı tespit edilmiş, sancı içinde kıvranıyordu. Doktor sıcak su dolu küvette yatmasını önerdi. Ertesi günü üniversite sınavlarına girecektim. Ağabeyimin Maçka'daki evinde gömme banyonun içinde yeğenim aldığı ağrı hapları ile yarı baygın bir şekilde sıcak suda yatarken, banyonun kenarında başı suya kaymasın diye bir elimle onu tutarak, diğer elimde test kitabı çözüyordum. Sabaha karşı taşını düşürdüğünde dünyalar benim olmuştu. Onun acısını kat ve kat fazlası ile yüreğimde hissediyordum.

Ben insanı sevmeyi, sevgimi karşılıksız vermeyi onunla öğrendim. Sevgiyi vermenin, paylaşmanın bir fedakârlık, bir yatırım olduğunu öğrendim. Tüm çocukluk, genç kızlık yaşantımı onun okul ve ihtiyaçlarına göre programlayıp onunla beş dakika daha fazla geçirebilmek için kendimle ilgili çok şeyleri ertelerdim. Onun yemesi, giyinmesi, tahsili her şeyin önünde yer alıyor, babamla adeta onunla ilgili vereceği kararlar için kavga ediyordum.

Seneler sonra eşimden boşanma kararı aldığımda (ki, bu kararlar ailem tarafından hoş karşılanmamıştı) bana önce sırtını dönen, tavrını acımasızca gösteren yeğenim olmuştu. Bu yaşımda ve tecrübemde o günleri irdelediğimde o günkü kadar üzülmüyor hatta yargılamıyorum dahi. O gün, o tepkilere karşı duyarsız kalamamış, çok üzülmüş, tavır göstermiştim. Aslında içimdeki coşkun sevginin sınırsızlığını bu tepkiler karşısında anlayacak, sahip olduğum bu özelliğimin farkına varacaktım. Bana acı çektirse de sevgim o kadar sınırsız ki sadece kızıyor, ama sevdiğimi kaybetmeyi göze alamıyordum. O günkü yaşımda yeğenime yönlendirilmiş bu sevgimin, şu yaşımda tüm insanlara dağıldığını hissediyorum. Bu hissin ne denli sonsuz ve ne denli hoşgörü çerçevesinde geliştiğini biliyorum. Hiçbir şekilde kimsenin beni artık kıramayacağının bilincindeyim.

Yirmi yaşında evlenip, on üç yıl sonra biri on iki, diğeri iki yaşında iki çocukla boşanma kararı aldığınızda tabii ki ilk tepki, ailenizden geliyor. O güne kadar hiçbir olumsuzluk görmedikleri bir evlilik bitiyor ve kızları maddi imkânlarını, kurulu düzenini bırakıp biri bebek diğeri buluğ çağında iki problemle karşılarına çıkıyordu. Bu onlar için ürkütücü bir tabloydu. O günün şartlarında o kararı vermiş ve uygulamıştım. Ailem kendilerine yansıyacak sorumluluktan korkarak tepkilerini sert ve acımasızca göstermişti.

Geriye dönersek, 1966 senesi on yaşımın içinde yeğenimin ailemize katılması ile benim ikinci aşure yaşamım Beşiktaş ilçesi tenceresinde pişmeye başlamıştı. Mutfak gereçlerimiz olmadan yemek pişirebilir miyiz? Aşure yaşamımın pişmesi için, önce tüm malzemeleri içinde toplayacak, pişirecek enerjiye dayanacak, malzemelerin asidinden, kepçenin hışmından etkilenmeyecek bir tencereye ihtiyaç vardır. Çekirdek yaşamım Beşiktaş ilçesi sınırları içinde pişmişti. Kepçesi ilkokulum, ateşi Çırağan'daki baba evimdi. Öyle bir kuvvetli ateşti ki, her dairesinde kendini apartmandaki tum çocuklardan sorumlu hisseden güzel bilinçler vardı. Robert Kolej Müdiresi Nurhan Teyze, her başım sıkıştığında özellikle kompozisyonlarımla ilgili devamlı kapısını çaldığım komşumuzdu. Eşi Vedat Amca, benim jenerasyonumda olanların sesini ve ismini hatırlayacakları TRT radyosu çocuk saati yapımcısıydı. O dönemin tek elektronik cihazı radyo, evimizde devamlı açık duyduğumuz sesler ise adeta ailemizin bir üyesi gibi olurdu. On yaşımda Vedat Amca beni 23 Nisan çocuk bayramı özel programı için radyo evine götürmüş, ezberlettiği 23 Nisan şiirini bana okutmuştu. Zamanın çocuk yıldızlarından Ayşecik (Zeynep Değirmencioğlu) ile beraber bir günümüzü bu kayıt için orada geçirmiştik. Ancak yayınlandığı 23 Nisan günü, okulumda yavrukurt olarak flama taşıyıp bayram törenine katıldığım için ben; kendimi dinleyememiştim. İlkokulu bitirdiğimde Nurhan Teyze'nin adeta yalvararak benim Robert Kolej sınavlarına girmem için babamı ikna etmeye çalışmasını hatırlıyorum. Babam bu konuda gayet duyarsız kalmış, düşünmemişti dahi. Hatta babamın tayini ile üç seneliğine Trabzon'a gittiğimizde orada ortaokulu bitirmiş liseye başlayacaktım ki, babam benim ticaret lisesinde okumamı uygun görmüştü. Bu kararında kıstas, hayata kısa zamanda kolumda bir altın bilezikle başlamamdı. Aile içinde kararları babam kendi şartlarına ve öngörüsüne göre veriyor, biz uygulamaya çalışıyorduk. Ama yaradılış programının çarkları karşısında insanoğlu sadece yaşanması gerekeni geciktirebilir. Bizim için çizilmiş ve belki de bizim tarafımızdan seçilmiş senaryomuzu öyle ya da böyle oynamak zorundayız. Kader diye adlandırılan bu olmalı diye düşünüyorum.

Babamın Trabzon'daki Gümrük Müdürü olarak geçirdiği üç sene benim buluğ çağının sorunları, yeğenime uzak olmanın özlemi ile çocukluğum kadar bilinçsiz ve donanımsız geçmişti.

Babamın emekli olmasından sonra İstanbul'a dönüşümüz ile artık genç kızlık dönemini hissetmeye, çevremle ilgilenip ilgi çektiğimin de farkına varmaya başlamıştım. Trabzon'dan, İstanbul'a kaydım alınmış, ilk defa yakın çevremin dışında kendi irademle hareket edeceğim bir dönem başlamıştı. Okulum Haliç manzaralı, tersane üzerinde, asırlık çınar ağaçlarının arasında yeni bir binaydı. Arkadaşlarımın çoğunluğu düşük gelirli ailelerin çocuklarıydı. İlk günlerde babam beni arabası ile okula bıraktığında rahatsız olmuş, bir daha yalnız veya arkadaşlarımla toplanarak otobüsle okula gideceğimi söylemiştim. Bu özgürlük, benim saatlerimi yeğenim Hakan'ın okul saatlerine göre hareket etmeme de yaramıştı. Bazen son dersten izin alır, onun okul çıkışına yetişirdim. Ona dışarıda sevdiği şeyleri yedirir, sonra evine bırakırdım. Ticaret lisesi benim 'okuma' algılarımı açmış, matematiğe olan ilgi ve becerimin farkına varmıştım. Sosyal bilimler ile ilgilenmiyor geçecek kadar not almayı yeterli görüyordum. Matematik ve mesleki derslerimde başarılı bir öğrenciydim.

Öğrenim aşurem son derece lezzetsiz bir şekilde, tarifi doğduğum ailenin kitabından alınarak pişirilmişti.

-3-

SPONTAN AŞUREM

Üçüncü aşure yaşantım, okulu bitirme sınavlarında pişmeye başlamıştı. Ticaret lisesi benim oluşturmaya başladığım tatlımın kalaysız bakır kazanıydı. En yüksek not ondu. Ekonomi dersinden sene içinde onun altında not almamıştım. Bitirme sınavlarında ekonomi dersini arkadaşlarıma ben çalıştırmıştım. Sınavda tek bir soru soruldu. Arabistan'da yapılan Müslüman Ülkelerin Kalkınma Politikaları Sempozyumu'na, Türkiye katılmalı mı, katılmamalı mı? Bu soruya ekonomi hocamızı çok iyi tanıyan arkadaşlarım, iki kelime ile cevap vererek beş dakikada sınavdan çıktılar. Cevapları 'Hayır, katılmamalıdır,' olmuştu. Ben 'Katılmalıdır. Çünkü..." diye başlayan iki sayfalık bir cevap vermiştim. Neticede o sene üniversite sınavları seçmelerini ortak doldurduğumuz arkadaşlarımdan on tanesi ve ben ilk tercihimiz olan Ankara Siyasal›ı kazanmıştık. Ancak onlar o sene okullarına gittiler, ben gidemedim. Ekonomi dersinden sınıfta kalmıştım. Her sene tek ders sınavları son anda çıkar, birçok öğrenci bu haktan yararlanırdı. Türk eğitim sisteminde ilk defa o sene Bülent Ecevit Hükümeti dönemi terk ders sınavları kaldırılmıştı. O gün yaşantım rayından çıkmış kaderin düzenlediği bir mutfakta yeni bir aşure pişmeye başlamıştı. Arkadaşlarımdan kopup bir sene tahsilime ara vermek benim psikolojimi bozmuştu. Adeta içime kapanmıştım. Kendime kızmıştım. O ekonomi sınavında politik olmanın anlamını, bunun yeri geldiğinde yapılması gerektiğini öğrenmiştim.

O bunalımlı dönemimin farkında olan aile dostlarımızdan Mösyö Yani (Trabzon'da tanışmıştık) bir ziyaretinde benim halimi görünce babama bir teklif getirmişti. Ortağı olduğu ve muhasebesi ile sorumlu olduğu köprü inşaatları yapan şirketinde ona yardım etme amacı ile çalışmamı istiyordu. Babamı bir şekilde ikna etmişti. Böylelikle, Yani Amca ile çalışmaya başlamıştım. Bu sefer tencerenin altındaki yakıt çalıştığım iş yeriydi. Yani Bey gibi yedi ortağın beşi de babam yaşlarda ve babamın dostlarıydı. Babamın tanımadığı ve benim çalıştığım ilk bir sene yüzünü hiç görmediğim yedinci ortakları içlerinde tek bekar olan Çetin Bey, en gençleriydi. Bu ortak (çocuklarımın babası), şekeri olduğum spontan pişen tatlımın kepçesiydi. Ticaret Lisesi tenceresinde çekirdek aşuremin malzemeleri, bana yapılan evlenme teklifi ile o gün, onun tarafından karıştırılmaya başlanmıştı. On iki sene aynı evi paylaştığım kayınvalidem spontan aşuremin sütüydü.

Süt doğada temizliğin simgesidir. Bir diğer pencereden bakacak olursak süt öyle bir kaynaktır ki onunla reaksiyona girildiğinde yeni lezzetlere ve görüntülere gebedir. Peynir, yoğurt, kefir vb gibi. Kayınvalidem de, kendi özelliklerinin bilincinde kendini devamlı donatmış, bilgi alınacak yaşamından dersler çıkarılacak iyi bir kaynaktı. Tıpkı süt gibi.

Kayınvalidem, Neriman Hanım Erzurum kökenli idi. Erzurum'un 1917'deki Rus işgali sırasında ve küçük bir çocukken İstanbul'a göç etmişler. Babasının kuyumcu dükkânındaki takıları annesinin bir kuşağa sarıp beline dolayarak at arabası ile İstanbul'a ne zorluklarla geldiklerini anlatırken hep hüzünlenirdi. Dikiş nakış ve müzik kursları ile donatılmış bir genç kızlık geçirmiş. Daha sonra Kars kökenli ilköğretim müdürü Sabri Beyle evlendirilip tekrar Erzurum'a dönmüşler. İlk oğlundan dört sene sonra çocuklarımın babası dünyaya gelir. Lise çağından sonra büyük oğlunu Almanya'ya okumak üzere gönderirler ve o da oraya yerleşir. Küçük oğlu inşaat mühendisi olup köprü ayakları üzerine ihtisas yapmıştır.

Ben aşure yaşamının şekeri Nilgün. Müstakbel eşim evlenmeye karar verdiğimiz zamandan üç-dört ay önce babasını kaybetmişti. Söz kesildiği gün, iç sesim annesinin yalnız kalmasına razı olmamıştı. Annesinin de bizimle beraber yaşayabileceğini müstakbel eşime teklif ettim. Neriman Anne kendini fazlası ile donatmış, hırslı, becerikli çok okuyan dominant bir kadındı. Eşinin Anadolu'daki görevleri sırasında dikiş, nakış dersleri vermişti. Bütün gün radyodan Almanca dersleri takip ediyordu. Bir gün büyük oğlu yaşadığı yerlere götürürse derdini anlatacak kadar konuşmayı öğrenmeye çalışıyordu. Böyle güzel özellikleri olan örnek bir ev kadınıydı. Ondan öğrenecek çok şeyimin olduğunu ve anlaşabileceğimizi hissetmiştim. Evliliğim boyunca da öyle oldu.

Söz kesildiğinde altı, yedi ay içinde nişan ve düğünün yapılması kararlaştırılmıştı. O gün babam üniversite öğretimime devam edebilmem için müstakbel damadından söz almıştı. Ancak karnım burnumda okulun kampusunda saatlerce kapalı kalıp arkadaşlarımızı teröre gözümüzün önünde şehit verince, babamın bugün okul hayatın bitmiştir sözleri ile uzun süre yüksek tahsilime ara verecektim.

Daha iki aylık sözlüyken sabah elime aldığım gazetenin baş sayfasındaki haber aşure tenceremin içine fazlası ile katılmış tuz olacaktı. Ve bıraktığı izle evliliğim boyunca lezzetli bir tada ulaşamayacaktım.

Müstakbel eşim o akşam iş çıkışı beni eve bırakırken arkadaşları ile bir bekârlık partisine karar verdiklerini, o gece belki sabaha kadar arkadaşları ile beraber olacağını söylemişti. Toplanacakları ev Anadolu yakasındaydı. Kendi arabasıyla iki yıl önce açılmış olan köprüyü kullanarak gidecekti. Bu bilgileri verdikten sonra beni kapının önünde bırakıp gitti. Giderken içimde bir şeylerin koptuğunu, yanlış bir şeylerin olmak üzere olduğunu sezinlemiştim. O gece gittiği yeri ve yaşananları hiçbir zaman öğrenemedim. Ancak hislerimin tesiri ile içimde şüphe oluşmuştu. Huzursuz olmuştum. Apartmana girip merdivenleri çıkarken sesli olarak tanrımla konuştuğumu hatırlıyorum. "Tanrım, hak etmediğim yanlış bir şeyle beni muhatap etme, cevabını sen ver rabbim. Sana emanet ediyorum," dedim. Akşam yemeği yemeden uyumuşum. Sabah kapıya bırakılan gazeteyi elime aldığımda gece köprüde yaşanan kaza ile ilgili resim ve haber baş sayfadaydı. Olayın gerçek yüzü ortaya çıkana kadar Çetin üç ay tutuklanmıştı.

Çok acılı bir üç aydı. Aramızdaki on sekiz yıllık yaş farkından ve tahsilimi bırakabileceğim düşüncesinden ötürü komşularımız bu evliliğe zaten karşıydılar. Bu kaza onların bunu daha çok dile getirip, diretmelerine neden olmuştu. Bu kazanın bir işaret olduğunu, bu evlilikten vazgeçmem gerektiğini söylüyorlardı. Ben ve babam hariç herkes aynı fikirdeydi. Hatta istemeye beraber geldikleri, hiç çocuğu olmadığı için yeğenlerine çok düşkün olan dayısı babama gelerek bu evlilikten vazgeçersek saygıyla karşılayacaklarını söylemişti. Ben kesin olarak evliliğimin devamına karar vermiştim. Şüphe eşiğimin yükselerek bana yanlış yakarmalar yaptırdığını düşünmüş vicdan azabı çekiyordum. Onu bu yaralı durumunda bırakamazdım. Bu kararıma karşı tepkilere daha fazla muhatap olmamak için hapisten kurtulur kurtulmaz Çınar Oteli'nin rufunda yapılan sade bir düğünle evlenmiştik. On ay sonra oğlum Murat'ı kucağıma almıştım. Görüntüde mutlu, huzurlu giden bir evlilik tablosu vardı. Babamın evinde çocukluk yıllarında eksik olmayan ziyafet sofralarını ben devam ettirmiştim. Kısacası baba evinde bana ters gelen eğlence odaklı gece yaşantısını aynen uygulayıp o sofraların adeta bir parçası olmuştum. Mutfakta tezgâhımı kimselere bırakmıyordum. Evliliğimin ilk yıllarında kayınvalidemle yarışırken kısa zamanda kendi rekorlarımı kırmaya başlamıştım. Her Allah'ın günü çarşafları, havluları değişip yıkanan, çoraplarına kadar ütülenen bir titizlikte günlerimi doldurmaya, belki de kendi özümden firarda yaşamaya çalışıyordum. 'Yaşamaya çalışıyordum' diyorum, çünkü ne yaşadığımın farkında olmadan aşuremi oluşturuyordum. Gerçekte ne yaşamamı gerektiğinin farkında değildim. Tahsilim yarım kalmış, lisan, spor gibi donanımlarımla ilgili sözler verilmiş ve imkanlar varken her şey ertelenmişti. Kendisini sevmeme ve çok faydasını görmeme rağmen evliliğimin yolunda gitmemesinin nedenlerinden biri de kayınvalidemin sürekli yanımızda olmasıydı. Eşimle ilişkilerimiz hiçbir zaman bir sevgili seviyesinde olamamıştı. İçimizdeki fırtınaları seslendirememiş, flört edememiştik. Ve ben arkadaşlarımın, kuzenlerimin eşleri ile olan ilişkilerine özenir olmuş, çocukluğumdan beri yaşam programımın benden esirgediği sevgi açığımı kapamak için radikal kararlar almaya sanki itelenmiştim.

1982 yılında İran-Irak harbinin yarattığı yıkımlar ülkemizden birçok işverenin burada iş yapmasına neden olmuştu. Eşim de yıkılan köprülerin yerine yenilerinin yapılması için üç senelik bir sözleşme yaptı. Ailecek Cud şehrinde tutulan bir eve yerleştik.

IRAK

Oğlum daha beş yaşındaydı, üç sene gibi uzun bir süre Irak kültürünün ve sıcak savaşın içinde bir çocuk büyütecektim. Ancak altı aylık bir süre sonra Irak hükümeti yurt dışına para çıkışını yasakladığı için, anlaşma iptal edildi. Alacaklarımız karşılığı mal yüklenerek döndük. Orada yaşadığım altı ay büyük öğretilerle doluydu.

Güneyde, Cud şehrinde sekiz odalı bahçe içinde bir ev tutulmuştu. Hem orada kalınacak, hem de ofis olacaktı. Bizden başka aile gelmediği için bütün bina kullanımımıza verilmişti. Kayınvalidem, oğlum ve ben bütün gün yüksek duvarlarla çevrili çorak bir bahçe içinde yüksek tavanlı müstakil bir evde yalnızdık. Bahçenin içinde aynı büyüklükte bir bina daha vardı. Bize bu evi bulan Türkçe bilen Iraklı rehberimiz, Adı Mr. Yunus, Diğer evde bu binaların sahiplerinin oturduğunu söyledi. Üç hatun, dört kız çocuğu (bir tanesi İngiltere'de okumuş), yaşlı iki anne varmış. Erkek çocukların hepsi (on iki yaşındaki dahil) savaşa katılmışlar. Bir ay, sabırla televizyonda sanki hayat güllük gülistanlıkmış gibi halka barış müjdeleri vererek yapılan müzik programlarını seyretmekle geçti. İkinci ayda, komşularımızdan beklediğimiz ilgi gelmeyince ben cesaretimi toplayıp kapılarını çaldım. Büyük kızları yüzünü örterek kapıyı araladı. Yarım İngilizcem, tanıdık Arapçam ve mükemmel tarzancamla kendimi tanıtıp, görüşmek istediğimi evimize gelebileceklerini söyledim. Müslüman olmayan bir ailenin evine gidemeyeceklerini ifade etti. Uzun süren bir mücadeleden sonra Müslüman bir aile olduğumuza inandırıp ertesi günü çay saatine davet ettim.

Eve döndüğümde büyük bir heyecanla misafirlerime hazırlanmaya başladım. Önce evi baştan aşağı temizledim. Böreğimi, poğaçamı hazırladım. Tatlı olarak da, her yaş gününde oğlum için yaptığım limonlu tavşan pastamı yaptım.

Misafirlerim kapıyı çaldığında kalbim sanki boğazımda atıyordu. Rahmetli kayınvalidem, nur içinde yatsın, "Kızım, onlar da Allah'ın bir kulu büyütme bu kadar," diyerek beni sakinleştirmeye çalışıyordu. Ben ki topluluklar karşısında hitabetime ve rahatlığıma bu kadar güvenen biriyken telaş, belki de panik içindeydim.

Buraya mahsus tek parça kara çarşafları içinde kapıda göründüler. Büyük kızları içeri girdi erkek olup olmadığını kontrol etti, gelebileceklerini işaret etti. Sanki gizli bir şeyler karıştıran ajanlar gibiydiler. Salona gelince çarşaflar katlanıp yanlarına koydular. Çarşafların altından tahmin etmeyeceğimiz kadar modern, sürmeli orta yaşlarda bayanlar çıktı. Kızlarının aracılığı ile anlaşıyorduk. Oğlum odada uyuyordu. Çayım demlenmiş sırasını bekliyor, açma kol böreğim yeni fırından çıkmıştı. İzin isteyerek servise başladım. Tuzluları dağıttım. Çayları bardaklara doldurdum. Orhan Gencebay'ın kasetlerinden biri çalıyor, asayiş berkemal.

Derken, lezzetli ve gerçek kadar tavşana benzeyen pastamı orta sehpaya koydum. Anında dört kadın ayağa kalkıp çarşaflandılar ağız kalabalığı bir konuşmadır gidiyor, suratlar bile kapanıyor. Şoktayım. Kızlarının yüzü üzgün ve çaresiz ellerini açıp 'Bunu yapmayacaktınız,' dedi. Ne yapmıştım?

Tavşan evlerine sokmadıkları, hatta eti ve lafı günah addedilen bir hayvandı. Ben de gözlerinin içine kulaklı, papyonlu bir tavşanı sokmuştum.

Kendimi nasıl affettireceğimin derdine düştüm.

Kızlarına bana on beş dakika müddet vermelerini rica ettim. Kendimi kanıtlayacaktım. Çarşaflarıyla oturdular. Hemen içeri koşup uyuyan oğlumu kaldırdım. Salona geldik. Kızlarına, hatunlara söyle ben oğlumla konuşurken senin tercümanlığına gerek kalmayacak dedim.

– Oğlum söyle bana sen kimin kulusun?

– Allah'ın.

– Aferin, kimin ümmetisin?

– Hz. Muhammet'in.

– Aferin, Müslüman mısın?

– Elhamdülillah.

– Aferin, dedenin ruhuna dua okur musun?

Oğlum, hiç yanlışsız Fatiha Suresi'ni okuyarak ellerini yüzüne sürdü ve iki yanına üfürdü.

Bu, babaannemizin güzel bir öğreti programıydı.

Kadınlardan en yaşlı olanı kızına hızlı ancak titreyen bir sesle bir şeyler söylerken amacıma ulaştığımı hissetmiştim. Konuşmanın tercümesi aynen şöyleydi:

– Ben böyle bir çocuk yetiştiren annenin elinden canlı tavşan bile yerim.

İlerleyen saatlerde ezanla birlikte kayınvalidemle beraber akşam namazlarını kıldılar. Yakın bir tarihte bizi davet ettiler. Daha sonra

Kerbela'ya ziyarete hep beraber gittik. Ve nihayet altı ay sonra ayrılma vakti geldiğinde, seccade içinde iğne oyalı namaz başörtüsü, tespihi ve bir mevlit kasetini hatıra olarak hediye ettim. Kendimi, ülkemi gerçek şekli ile temsil edebilmenin, inandığım doğruları kabul ettirmenin mutluluğu içindeydim. Çok farklı pencerelerden dünyaya ve insanlığa bakan bir ülkede, bizzat savaşı, çığlıklarını, bomba ve silah seslerini, gözü yaşlı anaları, baskı altında kokuşmuş zihniyetlerin feryatlarını yakından izledim. Herkes ne isterse onu yaşıyor. Doğanız, yaşam programınız, bilinciniz size yarını hazırlıyor. O toplumun birlikte acı dayanışması içinde daha yaşayacakları esaretleri vardı. Biz o toplumun bir parçası değildik, görmemiz, bazı şeyleri hatırlamamız gerekiyordu. Yaşantı şeklimizle, ortak kültür ve inançlarımızla, ancak; farklı düşünce tarzımızla kim bilir onlara hangi kapıları açtırdık?

Irak, bizim için kötü bir zamanda, kötü şartlarla yaşanmış bir deneyimdi. Bazı görüntüleri hafızamdan silmek olanaksızdı. Ülkemin medeniyetine, gelenek ve göreneklerine, temizlik anlayışına, yetiştirdiği büyük lider, devlet adamı, büyük asker Atatürk'e hayran kalmamak mümkün değil. Her gittiğim ülkede, kültürde ait olduğum toplumu aradım. Bize sunulmuş imkânları, coğrafyayı aradım. Bizim gerçekten çok özel, karma, seçkin bir toplum olduğumuz kararına vardım. Yaşadığım topraklardan ve vatandaşlarımdan gurur duyuyorum. Belki bu şiddetli duygularımın altında Irak'ta gördüklerim ve şahit olduklarım yatıyor. Uçağımız Yeşilköy Havalimanı'na indiğinde toprağımı öpmek istedim.

Şu anda ben uzak diyarlarda anılarımdaki lezzeti sanki yeniden yaşadım. O günkü ben ve bu günkü ben açmazına düştüm bir an. Sanki farklı bir şeyler vardı adını koyamadığım. Yaşlanmanın ötesinde bir şeyler. O senelerde insanlara karşı daha sorgulayıcı idim. Sabırsızdım, yargılıyor, kınıyor, affetmekte zorlanabiliyordum. Olmazsa olmazlarım vardı. Bugün dünyaya, insana daha farklı bir pencereden bakıyorum. Tabularım yıkıldı. Haklı-haksız diye bir kavram arayışından çıktım. Kimse kötü olmak, yanlış yapmak peşinde olamaz. Yaradılış programının hangi basamağındaysa o kalıba göre gerekeni yapıyordur. Kimseyi ensesinden tutup beşinci kattan, onuncu kata çıkaramazsınız. Esas yanlış orada yapılacaktır. Onu doğru bildiği ile kabullenmek gerekir. Daha doğru olanı; ancak, yaşayarak öğrenir. Çok değişik kültürlerin içinde yaşadıklarım, gözlemlediklerim herkesi olduğu gibi kabul etmeyi öğretti. Bu öğretiyi uyguladığımda hep bir yudum lezzeti yakaladım.

Poğaça

Türk kadınlarının çoğunun yaptığı pratik, lezzetli çay saati tuzlusudur. İç malzemesi olarak soğan ile kavrulmuş kıyma, maydanoz ve dereotu katılmış peynir, soğan ile kavrulmuş ıspanak, pazı veya taze kaşarla beraber pastırma kullanabilirsiniz. Bir fırın tepsisi poğaça için; bir bardak yoğurt, bir bardak yağ, (yarısı tereyağı, ¼'ü mısırözü yağ, ¼'ü zeytinyağı) bir yumurtanın akı, bir tatlı kaşığı tuz, bir çimdik şeker, bir paket kabartma tozu, aldığı kadar un ile yumuşak bir hamur elde ederek yoğrulur. Tereyağın elinizin sıcağı ile iyice hamura karıştığına emin olduğunuzda ceviz büyüklüğünde parçalara bölüp, her birini avucunuzda daire halinde inceltir, iç malzemesini ortasına yerleştiririz. Kapatıp unlanmış tepsimize dizeriz. Çukur bir kap içinde akını kullandığımız yumurtanın sarısı ile bir tatlı kaşığı yoğurdu karıştırır, fırça ile poğaçaların üzerine süreriz. Peynir iç kullandığımız poğaçaların üzerine çörek otu serpip 170 derece ısıdaki fırında pişiririz. Kabarıp, kızaracaktır. Yaklaşık 20 dakikada pişer.

Tavşan pasta MOR

20 cm. çapında 2 adet yuvarlak kek kalıbımız olmalı. Yaptığımız kek karışımını her iki kalıba bölerek dökecek ve 160 derece fırında pişireceğiz. Dikdörtgen (50x25) bir tepsinin

ortasına yuvarlak keklerden birini koyarız. Diğer yuvarlağı karşılıklı iç bükey keserek iki kulak, ortadaki parçadan da bir papyon elde ederiz. Kulakları yuvarlağın üzerine dikey, kravatı yuvarlağın altına yatay olarak yerleştiririz. Beyaz kremayla keklerin üzerini sıvar, ayırdığımız kremaya çikolata sosu ekleyerek karıştırır kaş, ağız ve bıyıklarını yaparız. Süsleyip tavşan veya kediye benzetmek sizin marifetiniz. Papyonuna yazı yazabilir, mum yerleştirebilirsiniz.

Tavşan pasta MOR'un keki: 4 Yumurta ile 125 gr. eritilmiş margarini (yarısı tereyağı olabilir) iyice çırparız. Üç bardak unu karışıma yediririz. Bir başka kapta iki bardak şeker, bir limonun kabuğunun rendesi ve suyu, bir bardak süt, birer paket kabartma tozu ve vanilya çırpılır. İlk yumurtalı karışıma katılarak çırpmaya devam edilir. Yağlanmış iki kalıba paylaştırılır ve 175 derece fırında pişirilir. Çıktığında daha önce hazırladığımız bir çorba kaşığı pudra şekerli limonun suyunu kaşıkla üzerine dökeriz.

***Krema*:** 2,5 Bardak süt, 2 kaşık un, bir kaşık nişasta, 2 kaşık şeker, 1 yumurta kısık ateşte çırpılarak pişirilir. Ateş kapatılarak bir çay kaşığı vanilya ile bir kaşık tereyağı ilave edilip çırpılarak soğutulur. Üstünün kaymaklanmasına izin vermeden kekin üzerine ıspatula ile sürülür. Renk ve çikolata katacaksak bir parça ayrılıp üzerine süs olarak kullanılır.

Kol böreği

Yarım çay bardağı sirke, bir su bardağı su, 125 gr. margarin, bir tatlı kaşığı tuz, bir çimdik şeker ile aldığı kadar un ilave edilerek yumuşak bir hamur elde edilir. İyice yoğrulduktan sonra 12 parçaya ayrılarak, her parça top haline getirilip on dakika bez altında dinlendirilir. Bir başka kapta tereyağı eritilir. Pazıları merdane ile küçük kalın yuvarlaklar halinde açarken iki katını yağlayarak, dört tane üç katlı grup elde ederiz. Her birini poşetleyip buzdolabında beş dakika kadar bekletiriz. Arasındaki yağın akıcılığını kaybetmesi gerekir. Her grubu çıkarıp 40 cm. çapında yufkalar elde ederiz. Arasını yağlayıp iki kat olarak tekrar on dakika kadar yağının donmasını bekleriz. İki yufkayı da açabildiğimiz kadar açar, dörde böler kenarına kavrulmuş soğanlı kıymasını koyar sararız. Kol şeklindeki sekiz böreğimizi yağlanmış tepsiye yerleştirir üzerine yumurta sürüp 160 derecelik fırında pişiririz. Sıcak yenen bir börek çeşididir.

Benim sofralarımda börek denince misafirlerimin beklentileri hep su böreğidir.

Sakin Olamadığınızda Her Şey Aleyhinize İşleyecektir

Su Böreği

İlk eşimin annesi, rahmetli kayınvalidemden öğrendiğim yapımı zahmetli, yemesi lezzetli sofralarımın vazgeçilmezlerindendir. İlk kayınvalidem enstitü hocası ve on parmağında on marifet olan dominant bir ev hanımıydı. On üç sene aynı evi paylaştığımız için benim donanımıma çok şeyler katmıştır. Hamur işlerinin hemen hepsini ondan öğrenmişimdir. Bir gün bile kırılmadan, düzeyli sevgi ve saygı dolu bir gelin kaynana muhabbetimiz vardı.

İlk çocuğumun hamileliği, doğumu, bebek problemleri derken evliliğimin ilk iki senesi mutfakta sadece çıraklık yaptım. Oğlum ele avuca sığıp, yürümeye başladığında onu daha çok babaannesine bırakıp yavaş yavaş mutfağa hâkim olmaya başladım. Kayınvalideme sorduklarıma yardımcı olursa mutlu olacağımı, ancak artık mutfak düzeni ve programını kendim yapmak istediğimi söylediğimde önce gücendi. Biraz ilgisiz kaldı. Ancak benim iyi niyet ve sevgiyle yaklaşımımı görünce dizginleri bıraktı. Bir çatı altında kendi anneniz dahi olsa iki kadının yaşaması, evde söz hakkı olması çok zor bir meziyettir. 'Meziyettir' diyorum, zira tarih gelin-kaynana, gelin-görümce ile ilgili vahim hikâyelerle doludur. Ben iki evliliğimde de bu konuda gerçekten başarılıydım. Kayınvalidemlerden yana da şanslıydım. İkisi de donanımlı, akıllı ve kız çocukları yoktu. Ben kendimi onlara sevdirmiştim. Yanlışlarım muhakkak olmuştur. Hiçbir zaman yüzüme vurmadılar, beni eğitmeye çalışmadılar. Biz birbirimizi olduğu gibi kabul edip sevmiştik.

İlk su böreği yapışımın benim için unutulmaz anısı vardır. Çünkü hiç kimse yiyemedi. Kayınbiraderim Almanya'da yerleşmiş, senede bir iki kere gelirdi. Geldiği zaman bizde kalır, kayınvalidem onun sevdiği tüm yemekleri yapardı. Kayınbiraderimin gelişi mutfağı devir aldığım ve kayınvalidemin küskün olduğu o döneme rastlamıştı. Ben her güne özel mönüler hazırlayıp, bütün günümü nerdeyse mutfakta geçiriyordum. Gelişinin ilk akşamının yemek listesinde su böreği vardı. Sabah kalkar kalkmaz. Hamurumu yoğurup nemli bez altında dinlenmeye almıştım.

Su böreği yaparken 50 cm. çapında yuvarlak bir tepsi için 6 yumurta, 3 kahve fincanı su, bir tutam şeker, bir tatlı kaşığı tuz çırpılıp orta karar, çok sert olmayacak bir hamur elde edene kadar un ilave ederek (yaklaşık 1 kg.dır) hamurumuzu yarım saat boyunca yoğururuz. Kıvama gelen hamuru iki avucumuzla uzatarak oklava şekline getirir, iki ucunu ortada birleştiririz. Bu işlemi birçok kez yaparak hamurumuzun uzun lif kazanmasını sağlarız. Hamurun özlendiğini anlamak için bıçakla kestiğimizde delik delik gözler oluşmalıdır. Pütürsüz kaymak gibi bir hamur elde etmeliyiz. Sevgi ile bıkmadan yoğurmalıyız.

Dinlenen hamuru on eşit parçaya bölüp yuvarladım. Tekrar üzerine nemli bezimi örtüp, diğer tarafta iç malzemeyi ve yağı hazırladım. Yapılması zahmetlidir dediğim olay buradan sonra başlıyor. Çünkü açılacak her yufka ocak üzerinde kaynayan tuzlu suda iki dakika kadar bekletilip, çıkarılacak ve soğuk suya atılacak. Soğuk sudan elinizle süzdürerek çıkarıp bir bezin üzerinde fazla suyunu bırakmasını sağladıktan sonra tepsiye yayılacak. Yani, büyük bir tencerede içine beş çorba kaşığı kadar tuz koyduğunuz kaynayan suyunuz olacak. Yanında hamurunuzu çıkaracak delikli kevgir kaşığınız duracak. Ocağın hemen yanında soğuk su dolu çukur bir kap ve yanında bu su ısındıkça ve eksildikçe ilave edeceğiniz bir sürahi daha soğuk suyunuz bulunmalı. İki üç tane kuru beziniz ve yanında börek tepsiniz durmalı. Hamuru açtığınız yer buharlı alandan uzak olmalı, rüzgâr almamalıdır. Bu şartlar altında böreğinizi pratik bir şekilde yapabilirsiniz. Su böreği genelde beyaz peynirle yapılır. Ancak son senelerde, kıymalı, ıspanaklı hatta patatesli dahi yapıldığını gördüm. Ben o gün klasik peynirli yapacaktım. Peynirini az tuzlu, yağlı, koyun peyniri ve rendelenmiş taze kaşar peynir karıştırarak hazırladım. İnce kıyılmış maydanozu da bir kâsede peynirin üzerine serpmek üzere beklettim. İlk yufkayı haşlamadan yağlanmış tepsime gergin olarak yaydım. (Kenarları tepsiden taşabilir.) İkinci yufkadan sonra erimiş tereyağından iki, üç kaşık serptim. Aynı şekilde haşlanmış yufkalarımı serip dördüncü yufkada yağladım beşinci yufkada yani böreğin ortasında peynir ve maydanozu yerleştirdim. Altıncı ve sekizinci yufkalarda yine yağlama işlemimi tekrarladım. Ara yufkalar gergin olmamalıdır. Özellikle buruşturarak konmalıdır. Son yufkadan sonra ilk yufkanın kenarlarını üste döndürüp kaşıkla yağımızdan döndürerek kenarlarına akıtıp tüm kenarı yağlamalıyız.

Üç saat sonra tepsimizde böreğimiz hazırdı. Son işlem de ayrı bir hüner ister. Ocak üzerinde çevire çevire, sabırla kısık ateşte yakmadan ve yapıştırmadan kızartacaksınız.

> Bu işlemi gerçekten sabırla yapmak, fazla merakla altını ellememek gerekir. Bir devir döndükten sonra ıspatulayla kenarından altını kontrol edebilirsiniz. Börek tepsiden kurtulmamışsa zorlamayın. Biraz yağ akıtıp bir tur daha dönmesini bekleyin. Bu şekilde sonunda pespembe kızaracak ve tümü ile tepsiden kurtulacaktır. Altını kapatıp biraz ılınmasını beklemek gerekir.

Ben de bekledikten sonra üstünü kızartmak için tam böreği çevirecektim ki kapı çaldı ve kayınbiraderimin sesi, kayınvalidemin sevinç çığlıkları ile elim ayağıma dolaştı. Börek tepsisinden kenarsız bir tepsiye böreği çevirdim, elimde tepsi dengesini kaybetti ve ocağın yanında duran çöp kutusunun içine börek kayıp düştü.

Kayınvalidem ve oğlu mutfağın kapısında şaşkın bakışlarıyla beni izliyorlardı. Ocağın önünde yere oturmuş, çöp kutusu önünde hüngür hüngür ağlıyordum.

O senelerde aşuremin kuru üzümü oğlumun okulu yanı sıra yüzme sporunda gösterdiği başarılar yaşam aşuremin tek lezzeti olmuştu. Mitolojide gemisi karaya oturduğunda Nuh'un toprağa ilk ektiği tohum asmadır. Üzüm asmanın meyvesi olarak taze ve kurutularak tüm mevsimlerde yenebilen beynin en önemli besleyici gıdasıdır. Özellikle üzüm çekirdeği ve kurutulmuş üzüm beynin yorgunluğunu almaktadır. Murat yaş ortalaması yüksek olan ailemiz için bir kuru üzüm deposu olmuştu. On üç yıl süren evliliğim onun enerjisi ile içindeki fırtınaları dışarıya vurmadan devam edebilmişti. Onunla İstanbul Yüzme İhtisas Kulübü'nde biraz nefes almış, kendimi oyalayacak çevre ve hobiler edinmiştim. Seri bir şekilde goblen tablolar işliyordum. Oğlumun yüzme hocası ve eşi, (onlarla beraber olduğumda gençliğimi hissettiğim değerli dostlarım) adeta aşure yaşamımın dolmalık fıstığı olmuş bir aileydi.

Ziya Gökalp, Oğuz destanında bir efsaneye dikkat çeker. Bu efsaneye göre Dokuz Oğuzlar "Kumançi" denilen ülkede otururlarmış.

Kutsal addedilen Hulin dağından çıkan Tugla ve Selenga ırmakları bu ülkeden geçermiş. Efsaneye göre, bu nehirlerin arasında bulunan huş (kayın) ağacı ve çam ağacının üzerine bir gece gökten bir yeşil ışık süzmesi inmiş. Bu geceden sonra hep müzik sesleri gelen ağacın gövdesi devamlı şişmiş. Dokuz ay on gün sonra ağacın gövdesinden bir kapı açılmış. İçinden dokuz bebek ağızlarında gümüş emziklerle çıkmışlar. Bu erkek çocuklar, on beş yaşına geldiklerinde onları büyüten aile çocukları ağaçların yanına getirip gerçeği anlatmışlar. Çocuklar bu iki ağaca çok saygı göstermişler. Ağaçlar çocukların bu yüce gönüllerini görünce, tanrıya dua ederek çocukları için güzellikler dilemişler. Dokuzu da Türk soyunun ilk hanları olmuşlar. Boğu Tekin Han'ın rüyasında aldığı bir mesaj vardır: 'Türk'ler kutsal dağı ellerinden bırakmadıkça dünyanın hâkimi olacaklardır.' Çam ağacı misali Han Hoca'nın dünyadaki görevi de tesadüfi değildir. Yetiştirdiği ve sahip olduğu her çocuk bir Oğuz bilincidir.

Evliliğimin onuncu yılında özümün isyanları rutin yaşantımı galebe çaldı. Alışılmamış bir davet ile eşimi dışarıda bir öğlen yemeğine çağırdım. Yemeğimiz bittikten sonra aldığım kararı kesin cümlelerle bildirdim. Bu evliliği bitirmek istediğimi ve o andan itibaren kendimi bu evlilikten sorumlu görmediğimi ifade ettim. Eşim, benden beklemediği bu sözler karşısında şaşkın olarak nedenlerimi sordu. Kesinlikle başka bir birliktelik düşünmediğimi, sadece onunla beraber sürecek bu evlilikte aradığım sevgi ve ilgi tatminine ulaşamadığımı hatta çocuklara olan düşkünlüğümü bilmesine rağmen ikinci bir çocuk için koyduğu barajı hoş karşılamadığımı belirttim. Kendisini çok takdir ederek, insan olarak çok değer vererek evlendiğimi, ancak geçen süre içinde evliliğimizi sürdürebilecek ortak hiçbir paylaşımımızın kalmadığını anlattım. Oğlumun babası olduğu için her zaman gurur duyacaktım, ancak ben ömrümü bu paylaşım şekli ile geçirmek istemiyor, hatta başka çocuklara sahip olmak istiyordum.

Yıkık ama sakin, üç ay kadar bu kararımı düşünmemizi, bu arada şantiyede kalacağını ve üç ay bitiminde tekrar konuşmamızı önerdi. O üç ay ben verdiğim kararın dinginliğinde normal yaşantıma devam ederken, o tüm aile efradını haberdar edip bu arada beni, günlük yaşantımı izlemeye alarak tedirgin geçirmişti. Bu arada Almanya'dan abisi gelmiş annesine yeni bir ev alarak taşımışlardı. Bunların olmaması için ne kadar dil döktüysem fayda etmedi. Boşanma istememi kayınvalideme bağlıyorlar, bu çözümün çare olacağını düşünüyorlardı.

Üç ayın sonunda on senedir hiç görmediğim abartılı büyüklükte bir buket çiçekle eşim eve geldi. Benim için değişen hiçbir şey yoktu. Evlenirken verdiği sözlerin hepsini yerine getireceğini, araba kullanmama, İngiltere'de bir süre kalıp lisan eğitimi görmeme, hatta çalışmam için gerekeni yapacağına sözler veriyor, koca adam dizlerime kapanmış ağlıyordu. O durumda beni iyice kaybettiğinin farkında bile değildi. Ağzından çıkan son cümleler beni bir an düşündürmüş ve hatta kararımdan döndürmüştü. "Çocuk istiyordun. Ona da peki." Ben çocuk sahibi olmak için belki de yanlış bir ilişki yaşayacaktım. Üstelik oğlum ve kardeşi farklı babaları olmasından dolayı ötelenecekti. Ha şimdi, ha iki, üç sene sonra kararımı her zaman uygulayabilirdim. Oğluma öz bir kardeş daha doğurabilmek için kararımı ertelemiştim. İkinci hamileliğim, yapmacık ilgi ve aile çevresinin tedirgin davranışlarıyla yüzme ihtisas kulübünün çatısı altında beklemeyle geçti. Kızım olacağını öğrendiğim gün çok sevinmiştim. Bu şekilde çocuk sahibi olma programımı kapatabilecektim.

Hamileliğim sırasında aşure yaşantımda dolmalık fıstık rolünü üstlenen dostlarım da ilk bebeklerini bekliyorlardı. Hamileliğimin altıncı ayında şartlar küçük Aslan Çetin'in ebeliğini yapmamı gerektirdi. Aşure yaşamımda yaşadığım çok özel ve değerli deneyimlerimden biridir. Yaşam programının dünyaya düşüşünü görsellemiş, adeta oluşumuna yardım etmiştim. Aslan bebek benim spontan aşuremin irmiğiydi. Neden irmiğiydi? Çünkü o sıra hamileydim ve irmik helvasını çok sevip, çok tüketiyordum. O anda yaradılışın başlangıcının keyfini en çok arzu ettiğim bir şey ile özdeşleştirmem çok doğaldı.

Kadının Gücü ve Yakın Geçmişe Dönüş

Sene 2014: Bir hafta sonra oğlum Hollanda'da Avrupa Master Yüzme Şampiyonası'na katılacak. Otuz iki sene önce İstanbul Yüzme İhtisas Kulübü'ne götürdüğümüzde amacımız bacaklarındaki eğriliğin düzelmesi, bu arada iyi bir arkadaş çevresi edinmesi idi. Kısa bir süre de yarışlara katılmaya, madalyalar almaya başladı. Vücut yapısı, ayaklarının ve ellerinin büyüklüğü yaptığı spor için çok uygundu. Okula başladığında sabahın altısında kulüpte yüzmeye başlar, duşunu alıp kahvaltısını yapar, okuluna giderdi. Her gün muntazam altı kilometre yüzerdi. On üç yaşına kadar başarı ile yüzmeye devam etti. Babası ile verdiğimiz ayrılık kararından sonra yüzme hayatı gibi piyano ve lisan dersleri de sekteye uğradı. Aile dağılmalarının çocuklar üzerindeki olumsuz etkileri tartışılamaz. Oğlum buluğ çağının sorunları bir taraftan, çalışma hayatına giren annesinin zamanını ayıramaması, diğer tarafta sonradan ortaya çıkan talihsiz bir durumla babasının yatağa bağımlı yaşamasının getirdiği problemler karşısında, sorunlu bir delikanlılık geçirdi. Çocukluğunda içinde olduğu spor ortamından aldığı disiplin, orada tanıştığı arkadaş çevresi ve her şeyden öte yaşadığı başarı hazları onu ayakta tutan bastonu oldu. Önünde muhteşem örnekler vardı. Ne yazık ki, ülkemizde futbol ve basketboldan başka bir spora gereken ilgi gösterilmediği için bu değerli isimleri yeni nesil bilmiyor, tanımıyor.

Hikmet Özün, baba oğul Nejat-Ahmet Nakkaş, Haluk Çerez, Han Batur oğluma emeği geçmiş milli yüzücülerimizdir. Tam yirmi sene sonra antrenörü Han Hoca ile (Bay Mavi) karşılaşmaları tekrar yüzme hayatındaki yerini almasını sağladı. Antrenörümüz Bay Mavi geçmişindeki askeri lise disiplinini öğrencileri ile birlikte sulara uygulayınca, kendine münhasır bir yüzücü aile oluşturmuştu. Halen onların arasında hem ideallerine doludizgin koşuyor, hem de ekmek parasını kazanıyor. Mavi Ailesinin oluşumunun en yakın tanığı olarak onların verdiği hayat mücadelesi, yetiştirdiği iki evlatları (ki, oğlunun ebesi olmak bana nasip olmuştu) ve yüzücüleri ile hep gurur duymuşumdur.

Hatırlıyorum o yılları. Rahmetli annesi, "Ah kızım bu oğlanı evlendiremezsek bu uslanmayacak," deyip, Kastamonu'dan sarışın mavi gözlü güzel gelinimizi getirtip, çarçabuk hocamızı evlendirdi. Ben kızıma hamileyken, gelinimiz de ilk çocuğuna hamile kalmıştı. Sancılarının başladığını haber aldığımız gibi, alıp sigorta hastanesine götürdük. Gece nöbetçi doktor meydanda yok. Sancı odası doğurmak üzere olan hastalarla dolu. Hademeler "Yaparken bana mı sordun, doktoru bekle," diyor. Sevgili Mavi'nin sancıları sıklaştı, suyu patladı. Ben ve eli mahkûm hademe doğumu başlattık. Dört kilo tosuncuk doğdu. Göbek bağını kesip düğümledim. Bebeğin üzerindeki yağları temizleyip, sardım. O sırada doktor geldi. Uzun boylu kara derili, gözleri kan çanağı genç bir doktor. Yaptıklarımızı anlattım. Sonunu çıkarmadınız mı diye sordu. Hayır, çocuğa sahip çıkayım derken, sonunu unutmuştum. Hademe de oralı değildi. Doktor üzerinden on dakika geçmiş doğum sonrasında şişmiş sonu çıkarmak için neşter istedi ve sevgili Mavi'nin canını yaka yaka sonu çıkarttı ve dikti. O hastanede yaşadıklarımı unutmam mümkün değil. Karnım burnumda bir doğum yaptırmıştım. İstanbul'un göbeğindeki bir sigorta hastanesinde 1987 yılında yaşadığım bu iptidai deneyim kadının gücünün nelere kadir olduğunu öğretmişti. Dünya güzeli bir oğlumuz olmuştu. Türkiye'ye birçok yüzücüler kazandırırken, yokluktan varlığa emin adımlarla tırmanan Mavi Ailesini bu vesile ile yeniden kutlamak istiyorum.

Kızım, Arzum tuzu fazla kaçmış tadını bulamamış spontan aşuremin tek süsü, ceviziydi. Ceviz sert kabuğunun içinde beyin görüntüsünde insan sağlığı için gerekli her şeyi içinde bulunduran bir hazine. Pişmesine, işlem görmesine gerek olmayan bir gıda deposu. Tıpkı kızım gibi. Soracağınız her soruya hazır bir cevabı olan, insan olmanın vasıf ve donanımlarına sahip hazır bir dinamo. 1987 yılında ona kavuşmamın heyecanı, enerjisi beni iki sene oyalamıştı. Gerçekte yaşamımda kızıma kavuşmamın dışında hiçbir değişiklik yoktu. Hatta, Arzum doğduktan sonra, babası beni evliliğimizin devamına ikna etme aşamasında verdiği tavizden dolayı psikolojik bir gerginliğe girmiş, kompleks ve asabiyet içinde adeta hırsını çıkarmaya başlamıştı. İki yaşında bir bebek ve buluğ çağında bir çocukla bir daha boşanma kararı alamayacağımı düşünüyordu.

1989 yılında bir günde verdiğim kararla çocuklarımı aldığım gibi Gayrettepe'de küçük bir ev kiralayarak yaşadığımız evden ayrılmıştım. Bu ayrılışımın dönüşü olmayacaktı. Boşanma davası açılmış, bu arada kararımı duyan tüm yakınlarım (babam dahil) kararıma tepki göstermişlerdi. On üç yılda benim dışımda, benim yaşam aşurem pişmişti. Güzel iki çocuk, edindiğim az sayıda güzel dost ve mükemmel ev kadını olma öğreti ve tecrübesini edinmekten başka bu aşuremden alabilecek herhangi bir lezzet yoktu.

Ben Emine Nilgün, aşure yaşamımın şekeri; ilk evliliğimi Teşvikiye'de bırakmıştım. Taşınmamdan iki yıl sonra resmi olarak boşanma işlemleri de bitmişti. Bu iki sene çileli ve vicdan muhasebesi ile geçti. Hatta neticeye ulaştıramadığım birçok sorumu adeta bir kutuya kilitleyip kaldırdım. Taşınmamdan altı ay sonra kayınvalidemin telefonda çaresizlik içindeki feryadı ile çocuklarımı da yanıma alıp, büyük konuşup bir daha asla dönmem dediğim eve gittim. Çocuklarımın babası o dönemde teşhisi ve tedavisi çok zor olan kurşun zehirlenmesi ile aniden yatağa bağımlı kalmıştı. Bedenindeki kurşuna olan hassasiyeti alkol ile tetiklenmiş, mesleki olarak birebir kurşunla muhatap olduğu için kurşun vücudunu esir almıştı. Doktor "Bu hastalık öldürmez, süründürür," diye eklemişti. O senelerde ülkemizde ağır metal taramaları maalesef yapılamıyordu. Alınan kan İngiltere'ye gönderiliyor, neticesi on beş güne ancak geliyordu. Ne internet ağı, ne haberleşme bugünkü teknolojik seviyesinde değildi. Ve tedavide geç kalınmış, yanlış teşhis, yanlış tedavilerle kurşun dönüşü olmayacak şekilde vücuduna yerleşmişti. Bir hastabakıcıyı bakımına alıştırdıktan sonra, ailesinin ve yakın çevreninde ters tepkilerine maruz kalınca çocuklarla evimize geri döndük.

2002 yılında vefat edene kadar irtibatımız hiç kesilmedi. Bana ihtiyaçları olduklarında hep yanlarındaydım. Çalışan kadınlar işi bırakırsa giderdim, takip edilecek ilaçları haber verirlerdi. O da hiçbir zaman elini çocuklarının üzerinden çekmedi. Çocuklarının tüm ihtiyaçlarına gücü yettiğince cevap verdi. İş ile ilgili girdiğim çıkmazlarda akıl danışırdım. Yardımlarını gördüğüm çok dönemler oldu. İyi bir baba, iyi bir dosttu.

Üçüncü aşurem de lezzetsiz bir şekilde bir daha tadına bakılmamak üzere ortadan kalkmıştı.

-4-

İSYAN AŞUREM

1989 Teşvikiye'deki evden ayrılıp, Gayrettepe'deki eve yerleşerek yeni bir aşure yaşamı başlatmıştım. Bu aşurenin içinde çekirdek aile malzemeleri yoktu. Hepsi bana tavır almış, beni kocasından ayrılmış biri olarak hayatlarının içinde görmek istemiyorlardı. Kimseyi aldatmamıştım. Yük olmamıştım. Ama fotoğraf onları korkutuyordu. 'Ya bundan sonra?'

Ondan sonra isyan aşurem pişmeye başladı. Ailemin malzemelerinin yerini daha yeni tanıştığım iş arkadaşlarım, bir şekilde hayatıma sızan ortağım ve ailesi, kurduğum şirkette çalışan elemanlar aldı. Pazarlama ve organizasyon şirketi, yeni pişecek aşurenin teflon tenceresiydi. Hasbelkader yaşantıma giren ortağım aşuremin kepçesiydi. Sekiz sigortalı elemanım, hepsi benim çocuklarım gibi olmuşlar, adeta cankurtaranlarımdı. Bu elemanlar isyan aşuremin buğdayıydı. Beş senede oluşturduğum aşuremin bereketleriydi.

Ofisi açmadan önce evimi kiralarken yardımcı olan emlak danışmanı arkadaşımın (üniversitede beraber okumuştuk) önerileri ile emlak kurslarına katılmıştım. Kursta ilk gittiğim gün, yanına oturup tanıştığım güzel bayan benim yaşadığım sürece can dostum, ahretliğim olacaktı. Tülin benden on dört yaş büyük sanatçı, öğretmen, üç kız çocuk annesi kendini her konuda devamlı donatan her girdiği yerde dikkatleri üzerine çeken güzellikte bir kadın, iyi bir dosttu. O benim isyan aşuremin beyaz fasulyesiydi. Kursta bir yandan eğitim görürken diğer taraftan her gün elimize verilen, sonra yırtılıp atılan teksirler dikkatimi çekmişti. Dışarıdan kutularla fotokopi edilmiş teksirler geliyordu. Bu işlerle uğraşan görevliden tüketilen malzeme ve fiyatları hakkında bilgi topladığımda yüksek karlı, peşin ödemeli bir iş ortamı dikkatimi çekti. Elimdeki nakdi ve mücevherlerimi bir fotokopi makinesine yatırdım. Evimde önce kursla anlaşarak, birçok eğitim kurumlarının, firma seminerlerinin fotokopilerini yapar ve kırtasiye malzemelerini karşılar olmuştum. Ev adresli bir şahıs firması kurmuştum. Fatura kesip vergimi de ödüyordum. O günün büyük firmalarındaki tanıdıklarımla görüşüp kendime güçlü bir pazar yaratmıştım. Üç yaşında kızım yanımda, Tahtakale'den mal temin edip siparişleri teslim ediyordum. Daha sonra evime yakın oturan tanıdığım bir aile ile anlaştım. Bir sene kadar kızımı sabahları evlerine bırakıp, akşamları alıyordum. Yeni bir düzen kurarken çocuklarım ile yeteri kadar ilgilenemeden, bilmediğim bir iş hayatını İstanbul'un kurtlar sofrasında deniyordum. Bana yardımcı olmak adına hayatıma giren bir aile ile, işimi Pangaltı'da bir apartman dairesinde lüks bir ofise taşıyarak kırtasiye, emlak ve organizasyon işleri yapmaya başlamıştık. İsyan aşuremin buğdayları, yeni edindiğim güzel arkadaşlarımla aşuremin teflon tenceresinde, aşuremin kepçesi olan ortağım tarafından gelişigüzel karıştırılmaya başlamıştı. Ateşi içimdeki isyandı. Beni hak etmediğim halde terk eden çekirdek ailem, bana rehavetten başka hiçbir donanımı katmayan bitirdiğim evliliğim ile geçen yıllarım isyanımın kaynağıydı. Hedefsiz, ancak elimi attığım her şeyi başaracağıma inanarak dümdüz, hayat yokuşunda koşuyordum. Önüme çıkan taşların, işaretlerin farkına varmadan koşuyordum. Yaşanmamışlıklara yetişmek için koşuyordum. Özgürlüğün ve ilk sene iş hayatımın başarısının büyüsü ile koşuyordum.

Aşure yaşantıma o dönemde katılmış özel ve güzel malzemelerden biri de aşuremin kayısısı; Ümmi Gülsüm'dü. Ümmi Gülsüm, enteresan bir hayat hikâyesi olan, bana en sıkışık olduğum, çaresiz kaldığım dönemlerde ayna tutan, moral veren medyum bir arkadaşım. Çok yerinde tespitleri ile beni bana izah etmiş, felsefesi ile ufkumu genişletmiş bir medyum. İsyan eşiğimi her zaman dengelemem için beni uyarmış, bu sorunu özümde halletmeden huzura kavuşamayacağımı hep söylemişti. O dönem içimdeki isyan geçmişime, aileme hatta Tanrı'ma yönelikti. Beş seneyi bitirdiğimde keşke yaşamasaydım dediğim çok günlerim vardı. Şimdi dönüp irdelediğimde iyi ki yaşamışım diyorum. Bugün eriştiğim yaşam şartlarının, Tanrı'mın bana sunduğu nimetlerin farkına varıp bu derece bilinçli bir mutluluk yaşamayı o günlere borçluyum.

1990 yılı şirketimi kurup, ticarete başladığımda şans yüzüme gülmüş, Tahtakale'de düzgün çalışan ithalatçı bir firmayı karşıma çıkarmıştı. Karadenizli Mehmet Bey dünya iyisi, dürüst babacan bir adamdı. Devamlı uyanık olmam için beni uyarır, "Müşterilerini iyi belle bacım, ben seni tanırım," diyordu. Bağlantılarım olan şirketler benden memnun, ben de alacağımı gününde tahsil ediyor, ödemelerimi de yapıyordum. Her şeyin yolunda olduğu o dönemde bala üşüşen eşek arıları misali benim de etrafımda yeni dostlar (!) belirmeye başlamıştı. Bunların çoğu çalıştığım banka müdürleri, memurları, promosyonlarını yaptığım turizm firmalarının satın alma müdürleriydi. İstanbul'un karanlık kazanının içinde kaybolmuş yüzlerdi. Ben o an onlar için de belki bir umuttum. Yaşadığım olaylardan sonra isyanlarım olmuş hayatımdan bazı insanları silip atmıştım. Şu anki algım ve bilgimle şöyle düşünüyorum. Kim bilir, ne ihtiyaç ve isyan içinde onlar da böyle yanlış bir yolu seçme zorunda kalmışlardı. Küçük hatalar büyükleri doğurmuştu. Ben ne kadar fazla iyi niyet ve ego sergilemiştim ki, onlar benim iyi niyetimi kullanmaktan çekinmemişlerdi. Hak ettiğimi düşünmüşlerdi. Yaşamım boyunca tekrar ettiğim yanlışlardan biri işleyen çarkın motivasyonu ile zamansız atağa kalkıp daha büyüme hırsı içine girmekti. Bir diğer hatam, iyi niyetimin akıl, mantık, şuur sınırlarımın üstüne çıkıp beni esir almasıydı. Bu öyle bir ruhani huzurdur ki; kendinizi kutsal bir koltuğa oturtur, iyi niyet ve yardımlarınızla adeta kendinizi tatmin eder mest olursunuz. Hatta bunlar çoğu zaman karşılıksızdır. Karşı tarafı daha da çok kahreder, size karşı tepkiye iter. Ben iyi niyet ve yardımı son haddine kadar kullanarak çok düşman kazanmıştım. Bilinçsizce ve rehavet içinde kesinlikle farkına varmadan.

Çocuklarımla yaşamın ortasında bir başına kalmış olmanın etkisi ile benim için yanlış plan ve yaptırımları olacak insanlara sarılmış, onlardan medet umar olmuştum. Bir ev sahibi olmak istiyordum. Ortağım ve çevresindeki arkadaş grubu bu konuda bana yardımcı olma adına bir öneri getirmişlerdi. Bir ev bulacak, banka kredisi ile satın alacaktım. Banka üzerine ipotek koyacak ve ben faizlerin tavana vurduğu 1991 yılında hiç faizsiz ay ve ay kira gibi bankaya ödeyecektim. Bu iyiliklerine karşılık, bana bu imkânı sağlayan banka müdürüne iki adet teminat çeki verecektim. Tarihsiz, rakamsız, benim imzam olan iki çek.

Ben Emine Nilgün Bozyiğit, isyan aşuresine tat vermeye çalışan şeker. Yanlış bir kepçe ile gelişigüzel karıştırılmaktan teflonları dökülmeye başlayan şirketimin tenceresinde isyanlarımın harlı ateşi ile heder olmuş, içindeki malzemelere tat vermeye çalışan şeker.

1992 yılında aşuremin dibi tuttu.

Şeker bayramından bir hafta önce gazetede bir ilan vardı (Anadolu'ya arabamla malzeme dağıtan bir asker emeklisiyim. Kırtasiye açığımı temin için uygun fiyatlı toptan kırtasiye alımı yapacağım. Tel...) Ortağım bu ilanı bana gösterip, "Bunu değerlendirmemiz gerekir," dedi. Hemen telefon edip ilan sahibine görüşmek üzere randevu verdim. Gelen asker emeklisi olduğunu, emekli maaşı ile geçinemediği için bir depo kiralayıp orada mal stokladığını ve kamyoneti ile kasaba kasaba dolaşıp bu malları peşin parayla sattığını söyledi. "Bayram öncesi dağıtım yapacağım, size bayram ertesine çek veririm," dedi. Verdiği sipariş bizim stoklarımızın yaklaşık dört misli idi. Kendimi garantiye almak için adamın verdiği depo adresine Pendik'e gidip hem malları teslim ettik, hem de on gün vadeli çekimizi aldık. Hatta hemen deponun yakınındaki çeki veren bankanın müdürünü ziyaret edip, çek sahibi hakkında bilgi sorduğumuzda "Şu ana kadar bir çeki dönmedi, sicilinde bir leke yok," dedi.

Gönlüm rahat büyük bir işi kotarmanın gururu ile ofise dönüp bayram harçlıklarını dağıtıp uzun bir tatil için ofisi kapamıştım. Bayramın insan ilişkilerinde yapıcı, birleştirici, affettirici yüzünü bilenlerdenim. Çocuklarımı alıp bayramlaşmaya babamlara gittim. Uzun bir aradan sonra özlem dolu bir kavuşmaydı. Ancak babam ne yaptığım işi, ne çevremdeki insanları tasvip etmiyordu. Hep tekrarladığı bir yerde maaşlı çalış, çocuklarını da al gel yanımızda otur dileğiydi. Ben yanlış bir evliliği bu çatının baskısından, otoritesinden kurtulmak için yapmıştım. Şimdi otuz yaşımda hem de iki çocukla tekrar o eve dönmem isteniyordu. Artık bir düzen kurmak üzereydim. Ev sahibi olacaktım, ticarette başarılı güzel işler yapıyordum. Bunları babama göğsümü gere gere anlattım. Hatta elimdeki yüksek tutarlı çeki gösterdim. Babam kalın kaşlarını kaldırarak, yeis içinde "Ah kızım, saf kızım inşallah hissettiklerim yanlıştır. Çok büyük bir tuzağın içine düşmüşsün. Bu kadar sene bunları görmeyecek kadar kör olmak için mi okudun? Önce faizlerin bu kadar yüksek olduğu bir zamanda hangi banka faizsiz bir kredi verir. Sen nasıl boş bir çeke imza atarsın. O çek kim bilir kaç lira olarak sana kimlerin elinden geri dönecek. Ayrıca böyle uzun bir bayram tatili bütün fırsatçıların işine yarar. O arabayla malzeme dağıtacak dediğin adamın ve sana verdiği çekin karşılığının çıkacağını hiç sanmıyorum. Ve o malların bedelini ödeyebilecek paran yoksa nasıl daha tanımadığın bir insana güvenerek o kadar borçlanırsın," dedi. Tüm söyledikleri doğruydu ve ben hiç birini düşünememiştim. Banka müdürünün sözleri ile gücümün çok üstünde bir borca girmiştim.

Bayramın ikinci günü elemanlarımdan birini (lakabı Rambo'ydu) çağırıp, dosdoğru Pendik'teki depoya gittiğimizde, 'Kiralık' yazısı asılmış boş bir mekânla karşılaştık. O hafta boyu süren tatil bana zehir olmuştu. Ortağım da Kastamonu'ya ailesinin yanına gitmişti. Bayram ertesi, sabah banka açıldığında kapısındaydım. Bir müddet sonra acı gerçek çekin karşılığı olmadığında, yüzüme tokat gibi çarpmıştı. Müdür çek sahibinin hesabını daha bir hafta önce açtırdığını, sicili ile ilgili hesaplarında bir şerh olmadığını tekrarlıyor sorumluluk kabul etmiyordu.

Bankaya verdiğim çeklerin bana dönüş rakamı ve toplu kırtasiyenin ithalatçıya ödenecek toplam tutarı ile o dönem Şişli'de ana caddede üç daire alabilirdim.

❀ ❀ ❀

Ben Nilgün, isyan aşuresinin şekeri, aşure yaşamım dördüncü kez tadını bulamadan pişmeye devam ediyordu. Karlı, keyifli giden iş yerim bir yıl sonra kendime ait olmayan yüksek borç batağı ile tarumar olmuştu. Ticareti bilmeyen, parasız, sadece ağzı laf yapan, insanların zaaflarından yararlanmaya çalışan bir grubun kurdukları bir tezgâhta, iyi niyet ve tecrübesizliklerim kullanılmış ve yok edilmiştim. Kendime verdiğim maddi manevi zararın dışında yüksek tutarlı çeklerim ünlü mafya babalarının elinde tehdit edilir olmuştum. İthalatçı firmalara verdiğim toptan mal alımı ile ilgili, bir o meblağda çek de karşılıksız çıkınca kamu alacağına dönüşmüştü ve hakkımda tutuklama kararı çıkmıştı. Adresimde bana ulaşamayan evraklar babamın evine gitmiş, babam da bu gelişmelerden haberdar olmuştu.

Bu arada sadece bir grubun organize planına kurban olmamış; çare bulma adına sığındığım avukat akrabam karşı tarafla anlaşarak beni oyalamıştı. Bunun sonuncunda bütün itiraz haklarımı da kaybetmiştim.

Babam çok güzel anılarla dolu olan ve özenerek geliştirip güzelleştirdiği 1965 yılında Zeki Müren'den aldığı yazlığını satarak benim birçok çeklerimi ödedi. Diğer şahsi ve vergi, sigorta gibi devlet borçlarımla baş başa yıkık ve yapayalnız kalakalmıştım.

Böyle dönemlerde gerçek sevgililer aşurenin üzerinde gözükenlerdir. O gün dibi tutmuş aşuremin üzerinde beyaz fasulye (Tülin), nohut (personel), kuru kayısı (Ümmi Gülsüm), ceviz (kızım), sarı üzüm (oğlum) tencereme hayat vermeye çalışıyorlardı. Babam maddi olarak yaptığı yardımla kızını hapse girmekten kurtarmış, dolayısı ile şerefini kurtarmıştı. Bana çok kızgındı ve beni boşanma kararı aldığım günden beri affetmiyordu. Benim nedenlerimi anlamasını ondan bekleyemezdim. İş kurarken kendisine adeta yalvarmış, senin varlığına ve tecrübene ihtiyacım var. Gel ofisin başına geç, kendi işlerini de takip edersin demiştim. Asla böyle bir teklife yaklaşmamış, hatta işimle ilgili ağır bir baba bedduası almıştım. Ağızdan beddua çıkmaya görsün, yerini bulur, döner dolaşır, ağzından çıkanın başında patlar. Babamın başına gelenler bu tespite güzel bir örnektir.

❀ ❀ ❀

Ben Nilgün, aşure yaşamımın şekeri; şimdi, 2014 Ekim, dönüp öz aşuremin kıvamlı, lezzetli görünüşü içinden, geçmiş aşurelerime bakıyorum. Kendi yaşamımı başkalarının inisiyatifinde, bilinçsizce ve isyan gibi sert bir vibrasyonun etkisinde pişirdiğimi, malzemeleri ve zamanı heba ettiğimi görüyorum.

İstanbul'daki tüm ticari kredilerimi kaybedip, başarısızlık ve yalnızlığın altında ezilmem karşısında belki de pes etmem gerekirdi. Ben ise, adeta şaha kalktım. Şaha kalkmamdaki en büyük etken, benim olmayan borçlar ve kurulmuş tuzaklar karşısında yenik düşmemdi. Evimde para edecek her şeyi sattım. Sadece giysilerimizi alıp kızımla beraber İstanbul dışında el emeğimi değerlendirerek para kazanacak, kalan borçlarımı temizleyip kendimi önce kendime karşı aklayacaktım. Ve sonra...

Hamur Show - Mutluluğun Eşiği Acıdır

İstanbul'daki iki senelik (1990-1992) iş hayatımın hüsranla neticelenmesinden sonra, maddiyat dışında psikolojik olarak da büyük bir sıkıntıya düşmüştüm. İflas sonrası alacaklılarımla babam anlaşmış, ödemeleri taksitlendirerek kendi üzerine almıştı. Ancak bana olan güveni ve iletişimi ister istemez değişmişti. Eski babamı arar olmuştum. İstanbul'un ticaret hayatının derinlerinde oynanan oyunları, çeteleşmiş çıkarcı gruplarını, mafya adı altındaki kabadayıları tanıdıktan ve tokatlarını yedikten sonra, bir de ailemin gölgesini arar duruma geldiğimde, buralardan kaçmak adeta inzivaya çekilmek istemiştim. Önümde taksitlendirilmiş vergi borçlarım ve bakmak zorunda olduğum iki çocuğumun masrafları vardı. Manavgat'a yerleşip, orada bir şeyler yapmaya karar verdiğimde ilk eşim bu konuda çok yardımcı oldu. O bölgede zamanında köprü inşaatları yapmış, iyi ilişkiler kurmuştu. Oğlum on beş yaşında buluğ çağının tüm problemlerini yaşarken, onu okuduğu kolejden koparıp Manavgat'a götüremezdim. Bir müddet dedesinin, daha sonra da babasının yanında kaldı. Beş yaşındaki kızım ve ben yanımızda çok az bir parayla Manavgat'a gittik. Cebimizde kızının masrafları için babasının bize verdiği maaş kartı ve çantamızda birkaç giysimizden başka hiçbir şeyimiz yoktu. İstanbul'da yola çıkmadan önce, tüm eşyamızı bir eskiciye üç milyona satmıştık.

Emekli ilkokul öğretmeni rahmetli Rehber Hoca'nın iki katlı evinin üst katını peşin üç aylık bir milyon kira ödeyerek tuttuk. Portakal sandıklarını birbirine çivileyerek kıtık minderli bir sedir yaptık. Rehber Hoca'nın verdiği çift kişilik yün yer yatağı, plastik açılır-kapanır bir masa ve dört sandalye bütün eşyamızdı. İki ay kadar ne yapabileceğimi araştırdım. Neticede evimize yakın bir apartmanın altındaki dükkânı kiraladık. Orada bir taş fırın açacaktım. İlk eşimin verdiği bilgiler ışığında tüm fırını tek başıma inşa ettim. Bir buçuk metre çapında fırınımın kubbesini ateş tuğlalarından samanlı çamurla birleştirerek yaptım. Tabanına ısıyı tutması için cam kırıkları ile doldurdum. Bir ay gibi bir zamanda, dört adet çapraz ayak çaktığım orman masalarımı, bana yetecek küçük mutfak tezgâhı ve fırını bitirmiştim. Tek başıma.

Türk mutfağının Avrupa'da, Dünya'da birçok ödüllerine sahip kuzenim ustaların ustası Necip Usta'yı, Amerika'daki evinden arayıp yapmak istediklerimi anlattığımda bana özel verdiği pide hamuru, iç malzemesi ile ilgili tarifleri denemiş ve artık HAMUR SHOW'a hazırdım.

Rehber Hoca'ya mahalleden konu komşuya haber vermesini rica ettim. O gün deneme mahiyetinde bir açılış yapıp işime devam edecektim. Sabah erkenden heyecanla dükkâna koştum. Duman is yapmasın diye kiraz odunu almış, küçük kestirmiştim. Derhal fırınımı ateşledim. 300 derecede sabitleyecek kıvama gelinceye kadar yakıp sonra köz olmasını bekleyecektim.

Diğer tarafta bir gün evvel lahmacunumun hamuru için mayalanmak üzere yoğurup bıraktığım malzeme kabarmıştı.(kesinlikle su katmadan sadece süt, şeker, tuz, un ve yaş maya ile yaptığım boza kıvamındaki karışım sıcak bir mekânda uyku bohçasının içinde kabarmaya bırakılır. 4-5 saat sonra un katılarak yumuşak bir hamur kıvamına getirilir). Ben de hazırladığım hamuru avucumda döndüre döndüre küçük pazılar haline getirip tepsiye dizdim. Buzdolabına kaldırdım. Özenle karışımını hazırlattığım kıymayı çıkartıp, harcını hazırlamak için soğanları olabilecek en minik şekilde doğradım. Bu tarz iç yapılacak karışımların soğanları kesinlikle rende yapılmaz, robot gibi makinelerden geçirilmez. Halk ağzında 'sası' tabir edilen kötü lezzetin kaynağı soğanın bıçak ile doğranmayıp suyunu vermesinden ileri gelir. Kendi yaptığım biber salçası ve domates salçası, tuz, şeker, karabiber ve az kimyon ile kıymamı karıştırdım. Harcın kuru olmaması gerekir. Gün içinde kurudukça içine domates suyu ilave ederiz.

Bir hafta önce sipariş ettiğim fırın küreğim daha elime geçmemişti. Rehber Hoca arka sokaktaki ekmek fırınından isteyiver demişti. Gittim, kendimi tanıtıp pide ve lahmacun pişirebileceğim bir kürek rica ettim. En geniş olanlarından bir tane bana hediye ettiler. Yekpare oval bir kürek, ucunda bir karış kadar arası açık bir tutma yeri vardı. İlk defa fırın küreği kullanacaktım.

Dükkâna döndüğümde, Rehber Hoca eşliğinde bir yığın insan kimi ayakta dükkânı doldurmuş, hayret dolu bakışlarla beni süzüyorlardı. İstanbullu bir bayan onlara fırın önünde hamur açacak, pide yapacaktı.

Heyecan ve cesaret ile önce hazırlamış olduğum pazıları elimle küçük daireler haline getirdim ve oklavayla açmaya başladım. Domates suyuyla sulandırılmış harcı yayıp, küreğin üstüne üç tane yerleştirdim. Çıkıntı kısmından tutup fırının ağzına yakın közünü temizlediğim tabanına hamurları bıraktım. 3-4 dakika sonra onları teker teker çevirerek köze yakınlaştırmam gerekiyordu. Bu işlem sırasında ellerim bu kürekle kolumun yarısına kadar üç yüz derece fırının içine giriyordu. Olan yanlışlığın o heyecanla farkında değildim. Kollarım tütsülenmiş derin bir yanık oluşmuştu. Acıyla gözyaşlarımı saklayıp kollarımı musluğun altına soktum. Bir avuç tuzu yanan yerlere sürdüm ve uyuşmuş acı eşiğim ile hamurlarımı açmaya devam ettim. Olayın vahametini kavrayan Rehber Hocam hemen dışarı fırlayıp uzun bir sopa bulup getirdi. Küreğin ucundaki çıkıntının arasına yerleştirerek sıkıca bağladı. Konunun uzmanı değilseniz, hataların ufak ayrıntılarda yapılacağını öğrenmiş olursunuz. Acı bir tecrübe ile o gün çok başarılı bir hamur gösterisi yapmıştım. Çok mutlu olmuştum. O fırın hiç durmadan 1,5 sene pide, lahmacun, su böreği ve baklava yaptı. O fırın çok ünlü isimleri ve namını duyup merakla gelen ünlü hamur ustalarını ağırladı.

Başarı Ayrıntıda Gizlidir

Hamur Show'un ramazan günlerinde yetiştiremediğim ürünlerinden biri de ev baklavasıydı. Açılıştan kısa bir süre sonra ramazan ayı gelmişti. Dükkânın camına 'Sipariş üzerine ev baklavası yapılır,' diye yazmıştım. Arife günü Titreyen Göl'e yerleşmiş olan Konyalı kuyumcu Ahmet Bey dükkânıma girdi ve yazıyı gösterip baklavayı kim yapıyor diye sordu. Ben yapacağım diye cevapladım. Annesini yeni kaybetmiş. Annesinin çok güzel baklava yaptığını ve sağlığında ramazanda fakir fukaraya dağıttığını söyledi. Annesinin ruhuna o da ramazan boyunca baklava dağıtacakmış. Ancak onun yaptığı gibi olmalı dedi. 'Kehribar sarısı, kıyır kıyır, bol cevizli ağızda erir, midenizi yakmaz, yedikçe yiyesiniz gelir' diye annesinin baklavasını tarif etti. Ertesi günü için ilk siparişi almıştım. Beğenirse her gün bir tepsi alacaktı. Senelerce çok sayıda baklavayı kayınvalidemle yapmıştık ancak ilk defa tek başıma yapacaktım.

Dükkânı kapattıktan sonra malzememi yanıma alıp eve gittim. Evde gece sakin bir şekilde baklavayı yapacak, sabah fırında pişirecektim.

Baklava

50 cm.lik çapı olan bir tepsi için

- 1 kilo un,
- 4 yumurta,
- 1 bardak su,
- ½ kahve fincanı zeytinyağı
- 1 çay kaşığı tuz.

Elenmiş unu tezgâhın üzerine koyun. Ortasını açın. Yumurta, su, yağ ve tuzu ortasına koyun. Elinizle ortadaki malzemeyi karıştırıp, unu malzemeye yedirin. Ve iki elinizle malzemeyi toparlayarak yoğurmaya başlayın. Aynı su böreğinde tekniğini vermeye çalıştığım gibi oklava şeklinde uzatıp, iki ucunu ortada birleştirir elimizin ayası ile ileri geri hareketlerle hem ezer, hem uzatırız. Bu işlemi yarım saat kadar tekrarladıktan sonra yirmi küçük top haline getiririz. Yirmi pazıyı nişastaya batırıp bir tepsiye dizer, üzerine nemli bir bez kapatırız.

Her bir pazıyı merdaneyle kenarlarına baskı yaparak 10 cm. çapında kalın daireler halinde açıp, aralarına nişasta koyarak üst üste dizdim. Yine nemli bez altında on dakika beklettim. İkinci açışımda yaklaşık 30 cm. kadar genişlemişti. Aralarına yine nişasta serperek üst üste tekrar dizdim. Üçüncü açışımda en alttaki yufkadan başlayarak üç tanesini birden tezgâha aldım kenarlarına baskı yaparak iki sefer oklavaya sarıp üçünü bir seferde açtım. Bu şekilde tek olarak açamayacağınız incelikte yufkalar elde edebilirsiniz. En az yetmiş cm. çapında sigara kağıdı inceliğinde olmalıdır.

Yufkalarımız araları nişastalı üst üste beklerken, baklavamızın içini ve yağını hazırlamalıyız. Ceviz, fıstık veya kaymak olabilir. Yağı kesinlikle eritilmiş tereyağı olmalıdır. Ege bölgesinde özellikle Cunda Adası'nda baklavayı sızma zeytinyağı ile yaparlar. O da farklı bir lezzettir. Her usul kendi coğrafyasında güzeldir, diye düşünüyorum.

Ben o gün bilinen klasik cevizli katmer baklava yapıyordum. Çok çeşitler de yapılabilir. Her bir yufka küçük kareler halinde kesilip, iç konup bohça şeklinde bülbül yuvası yapılabilir. Yufkanın üzeri cevizle kaplanıp ucundan oklavaya sarılıp, oklava üzerinde büzülür. Oklava çekildiğinde kalan büzük parça birer parmak kesilir. Bu şekilde olursa buna saray burması veya oklava çekmesi denir.

O gece ince açılmış yufkalarımı tepsime serip aralarına üç dört kaşık tereyağı gezdirdim. Onuncu yufkayı yaydıktan sonra iri çekilmiş cevizimi serptim ve diğer yufkaları aralarını yağlayarak üstüne dizdim. Baklavam pişmeye hazırdı. Ertesi sabah fırınımı yakacak 300 derecede tepsiyi sürecektim.

Bu kadar tecrübeme rağmen zamanında dikkatimden kaçmış bir sorunum oldu. Tepsiyi fırına atarken kızgın tereyağını dökecektim ki, baklavanın pişmeden önce mi, sonra mı kesileceğine karar verememiştim. Ve kesmeden yağını döktüm, fırına sürdüm. Kehribar gibi kızarmış, mis gibi tereyağı kokusu dükkânı sarmıştı. Çıkarttığımda yanlış bir karar verdiğimin farkındaydım. Daha önce kesmem gerekiyordu. Keserken çok zorlanmıştım. Çıtır çıtır üst yufka dağılıyordu. Şerbetini ılık olarak döktüğüm sırada Ahmet Bey kapıda göründü. Kendisine dalgınlıkla yaptığım hatadan bahsettim. Bir dilim yemek istedi. Ilık baklavadan iki üç dilimi arka arkaya yedi. Çıkardığı sesler ve yüz ifadesi beğendiğini gösteriyordu. Benden ramazan boyunca her gün bir tepsi kesilmeden fırınlanmış baklava istedi.

❃❃❃

Pratik Baklava

Baklavanın daha pratik bir tarifini de vermek istiyorum. Bu tarifte yumurta yok. Margarin ve tereyağını yarı yarıya kullanarak yağlı bir hamur yoğururuz.

yarım kilo un için

- 125 gr. margarin
- 125 gr tereyağı
- bir tutam tuz
- bir kaşık sirke

Hamuru küçük pazılar halinde, 20 eşit parçaya böler, küçük daireler halinde açarız. Aralarını yağlayarak dörder dörder ayırırız. 5 adet dizimiz olur. 20 dakika kadar yağın yoğunlaşmasını bekleriz. Her bir diziyi merdanemizle açarız. Ceviz veya diğer malzememizi serperiz. Oklavayı kenardan sararız. Oklavaya sarılmış olan cevizli yufkamızı iki yandan büzer, oklavayı içinden çekeriz. Büzülmüş bu parçayı bir parmak genişliğinde parçalara ayırıp halkalar halinde tepsiye dizer fırına süreriz. Kızardığında ılık şerbetini dökeriz.

Şerbet: 1,5 kg. şeker, 750 gr. su, 1 limon suyu veya 1 kahve kaşığı limon tuzu hep beraber 5 dakika kaynamalıdır.

Kendimi ispat için çabaladığım dönem: EGO

Hamur Show, kış yaz özellikle hanımların gelip sohbet yaparak karınlarını doyurdukları, iş yerlerine ise siparişlerini gönderdiğim, ramazan sofralarının vazgeçilmezi olmuştu. Kızım beş yaşında Rehber Hoca'nın elinde okumayı sökmüş okula başlamıştı. Şubat tatilinde bir hafta kadar dükkânı kapatıp kızımı babasına İstanbul'a götürmüştüm. Orda kaldığım süre içinde eski arkadaşlarımla bir mobilya fabrikasının show-room'unun açılışına gitmiştik. İtalyan menşeli çelik konstrüksiyon mobilya yapıyorlardı. Türk piyasasına yabancıydılar. Nasıl bir pazarlama yapacaklarını konuşurken, ben onlara güvendikleri biri ile bayilik araştırması yaptırmalarını, bayilere konuları ile ilgili eğitim vermelerini tavsiye ettim. Neticede bu yetkili gezici bayi ben olmuştum. Spontan gelişen bu olayda pazarlamanın kendinizle ilgili güven duygusunu oluşturmanızla başladığını anlamıştım. Dükkânımda da, müşterilerim kendilerini bir misafirliğe gelmiş gibi hissettiklerini söylerlerdi.

Manavgat'a döndüğümde Antalya'dan gelen müşterilerim kendi aralarında konuşuyorlardı. Kulak misafiri olmuştum. Oğullarını evlendireceklerdi. Baba, oğlunun bir işi olmadığını söylüyordu. 'Boş gezene kız mı verirler?' diye eşine sitem ediyordu. Varlıklı, ama işsiz. Tam aradığım müşteriler olabilirdi. Masalarına iştirak edip, konularına yardımcı olabileceğimi söyledim. Mobilya mağazası için dükkânları dahi vardı. Ailenin annesi çok mutlu olmuştu. Ertesi günü dükkânı gördüm. Sözleşme yapıp broşürlerden mobilyaları seçtik ve sipariş verdik. İlk faturanın %10'u benimdi. Üç ay dükkânımı kapatıp Antalya bayisinin çalışanlarına eğitim verdim, açılışlarını yaptık. Çok da iyi dostlar edinmiştim.

Açılışa gelenlerin arasında Eğirdir Oteli'nin sahibi vardı. Orayla ilgili gelişmeleri öğrenmiş, otelinin altındaki boş dükkânı aynı şekilde değerlendirmek istemişti. İkinci bayiliği de Eğirdir'e vermiştim. Yaklaşık üç ay da orada eğitim vermekle kalmamış, Manavgat'taki fırınımı kapatıp Eğirdir'e yerleşmiştim. Eğirdir Bayisi'nin açılışında Belediye Başkanı ve ailesi ile iyi ilişkiler kurmuş birçok konuda Eğirdir ve özellikle göl ile ilgili çalışmalarında Yıldız Üniversitesi Rektörü ile irtibatlarını sağlamıştım. Eğirdir'den ayrılıp dükkâna döndüğümde Eğirdir Belediye Başkanı, ailesi ile beni ziyaret edip, Eğirdir'e yerleşmem için beni ikna ettiler. Gölün kenarındaki tuvaletleri ve arasındaki bahçeyi ihale ile bana kiralayacaktı. Düşük kira, muhteşem bir kasaba. Tebdili mekânda ferahlık vardır derler. Gerçekten de öyle olmuştu. Zamanın Başbakanı Tansu Çiller'in Eğirdir Kadın Kolu Başkanı olmuş, Eğirdir Gölü Yaşatma Derneği'ni, Ana Kucağı Derneği'ni kurmuştum. Kiraladığım tuvaletlerden birini mutfak haline getirip, çoğunlukla komando birliği ve gelen ailelerine hizmet veren bahçesinde kendin pişir-kendin ye tarzı kıl obaları olan bir lokanta açmıştım.

Barla Dağı'nın eteklerinde uzanan Eğirdir Gölü, Pontus medeniyetinin izlerini hala koruyan küçük adası, elma bahçeleri, sokaklarından çiçekler fışkıran görüntüsü ile Eğirdir'i çok sevmiş, benimsemiştim. Oradaki tek kaloriferli evi kiralamıştım. İstanbul'daki ticari yıkımdan kalma borçlarımı bitirebilmek için deli gibi çalışıyordum. Ne çek, ne senet. Buralarda sözüm kredimdi. Hafta sonları komando birliğinde görevli askerler değişmez müşterim olmuşlardı. Burada komando birliği her üç ayda bir çektikleri kurayla dağılırlardı. Üç yüz komandodan sadece dört kişi kalır, gerisi genelde Güneydoğu Anadolu'ya giderlerdi. Üç aylık devrelerin kura günü komandoların aileleri benim obalara doluşur, oğullarına yiyecekler ve giysiler getirmiş halde beklerlerdi.

O gün kura çekilmiş, komandolar birer birer gelmeye başlamışlardı. Her hafta sonu mekânıma gelirler, anamızın, bacımızın mutfağı diye yörelerinin özledikleri aşlarını isterlerdi. Onları nazlandırır, bazen mutfağa çağırır tariflerini alır istediklerini yapmaya çalışırdım. Bugün gözleri ne pastırmalı yumurtayı, ne mıhlamayı ne de çorbayı görüyordu. Görevlerinin bilincinde dimdik, ancak sessiz ve kaygılı. Dört kişi eksik. Burada kalanlar arkadaşlarıyla değiller. Burada kalmak bir şans ancak üç ay eğitimi paylaştıkları arkadaşlarına karşı bu şanslarından dolayı utanmaktalar. Kötülükle mücadeleye gidiyorlar... Her hafta sonu benimle paylaştıkları anıları, sırları, yavuklularıı bu dört duvarın içinde kalacak, onlar benim için bir Kırmızı-Beyaz Ailesi olarak hatırlanacak, hatırladıkça gözlerim yaşaracaktı.

Aşure yaşantımda isyan ateşi ile kaynayan bu bölümde komandolar aşuremin adeta süsleri taze meyveleri olmuşlardı. 'Anamızın, bacımızın ocağı' deyip sığınır, tüm özlemlerini, sıkıntılarını, yorgunluklarını benim mekânımda bırakıp, dimdik karargahlarına dönerlerdi. Onların özlediği aşları sunmak, onları sabırla dinleyip, ışık olmak beni son derece mutlu ederdi. Onlar benim içinde bir terapi olmuşlardı adeta. Eğirdir'i çok sevmiştim. Coğrafik konumu, insanları, temizliği, iklimi ile beni sarıp sarmalamıştı. Orada bulunduğum iki sene içinde orası için elimden geleni yaptım. Kaliteli güzel bir mobilya mağazasının açılışı ile başlayan Eğirdir serüvenim, Gölü Kurtarma Derneği kuruluşu ve çalışmaları, Ana Kucağı Derneği ve çalışmaları (el işleri kursları ile gelirlerinin sakat çocukların tedavisinde kullanılması sağlanmıştı), zamanın başbakanı Tansu Çiller'in partisinin Kadın Kolu Başkanlığı ile ilçe kadınlarının siyasete katılımlarını teşvik etmiştik. Hep orada kalabileceğimi düşünmüş yerli halkın yapması gereken her konuya burnumu sokmuştum.

Eylül sene 1995, kızım üçüncü sınıfa başladı. Daha sekiz yaşında. Sabah altı, akşam altı bütün gün çalışan bir anne ile lokanta köşelerinde küçük elleri ile ya maydanoz ayıklar, ya peçete katlardı. Okula diğer arkadaşlarına nazaran daha erken yaşta gitmesinin birçok zararlarını görmüştük, çabuk yazmış okumuş, hatta matematiği çabuk kavramıştı. Ancak, el becerilerinde zorlanıyor ve bıkmıştı. İlgilenemediğim için sevgiye aç, bedenen çok zayıftı. Dükkânımı kapatıp, eve dönmek için gölün kenarında poyraza karşı yürürken, ışıkların altında bana doğru yürüyen bir çocuk silueti görmüştüm. Ayakları çıplak, yakası yana düşmüş siyah önlüklü, elinde bir ekmek, saçları dağınık. Aklımdan 'Ne sorumsuz analar var, çocuğun haline bak,' diye geçirip, adımlarımı ona doğru hızlandırdım. Alaca karanlıkta yaklaşan çocuğu tanıdığımda boğazım düğümlenmiş, kendi hıçkırıklarımla boğulmuştum. Avazım çıktığı kadar bağırmaya başlamış, isteri nöbetine girmiştim. Yorgun bir beden, özlemlerle dolu bir alt bilinç, tükürdüğünü yalamama gayreti ile önündekini, dizinin dibindekini göremeyecek kadar kör olmuş bir anneydim. Tek başına ayakta durabilme hırsı, kendi gururum için çocuğumun geleceğini, sağlığını tehlikeye atmış, hiçe saymıştım. Oğlum onu bıraktığımı, terk ettiğimi düşünüyor, tatillerde gittiğimde beni görünce 'anne' yerine 'şey' diye hitap ediyordu. Hayatımda o dönemde fedakarlık ve başarı diye adlandırdığım yaşantım külliyen hezimetti.

O gece verdiğim kesin ve ani kararla İstanbul'a otobüs biletimi alıp hazırlanmaya başladım.

Kızımın kışlık tüm kıyafetlerini, benim birkaç parça giysimi yanıma alıp, önce devren kiralık tabelasını dükkânımın camına yapıştırdım, sonra yola koyulduk.

İsyan aşuremin feryadı o akşam Barla Dağı'nda yankılandı. İçimin acısı, beynimin pişmanlıklarla dolu tepkisi, ulaşabildiği kadar annelere yansıdı. Gururum, egom ve şartlanmışlıklar bilincimi esir almıştı. Çevreme ve geçmişime hesap sorar, kendimi kanıtlar duruma gelebilmek için çocuklarımı, zamanımı, emeğimi heder etmiştim. Ne oğlum bilinçli bir buluğ çağı yaşayabildi, ne de kızım çocukluğunda olan imkanlarımızın gereğinden yararlanabildi. Ve ben, aşure yaşamımın şekeri; beş sene dünyanın, ülkemin yaşadığı her yenilikten uzakta, isyanlarımın gazında zamanımı ve ne yapma bilincimi kaybetmiştim. Bir Eğirdir poyrazında, Arzum'un karşılaştığım bu portresi ile isyanım küllere dönüşmüş, Eğirdir Gölü'nün volkanik tabanına bir daha su yüzüne çıkmamak üzere oturmuştu. O akşam orada kızıma sarılıp katılarak feryatlar içinde ağlayarak özümün yolculuğuna çıkmıştım.

Annem ve babam kendime uygun gördüğüm bu sürgünde yoktular. Esasında kalabalık bir aileydik. Çocukluğumu paylaştığım, evlendikten sonra her türlü sorun ve evlilik hazırlıkları sırasında evimi açtığım kuzenlerim bu sürgünde yoktular. Ağabeyim, yengem, yeğenim bu sürgünde yoktular. Nevzat halam; babamın yedi kardeşi arasında benim en çok benzediğim ve beni tek yalnız bırakmayan yakınımdı. Manavgat'taki fırınımda, Eğirdir'de lokantamda aniden karşıma çıkmış, beni İstanbul'a dönmek için ikna etmeye çalışmıştı. Babamın 'Gelsin, bir işe girip çalışsın, çocuklarının başında olsun ona bir ev alacağım,' dediğini söyleyip duruyordu. Çekirdek ailem olmadan lezzetli bir aşure pişmeyecekti. Bu ne benim için mümkündü, ne de bir başkası için mümkün olabilir. Temel malzemeler olmasaydı aşurenin efsanesi de olmazdı

1995 Eylül'ün ortaları. İstanbul'da çocukluğumun geçtiği, evlenerek ayrıldığım genç kızlık odamdayım. Bir gecede verdiğim kararla tükürdüğümü yalamış, babamın evine dönmüştüm. Yenik ve bitkin, zayıf ve çaresizdim. Arzum'u ilkokulu okuduğum mahalle okuluna yazdırması için babama teslim etmiş, tuvalet ihtiyaçlarımın dışında odama kapanmıştım.

Sebeb-i Varlığımız; Aile

'Aile' bu kelime içinde ancak yaşanılarak öğrenebilecek birçok sırları içermekte. Büyüklerimiz hep derler ya; 'Ana ol, o zaman beni anlarsın,' diye. Çoğu zaman özgür olmak, maceraya koşmak, kendi verdiğin kararların keyfini yaşamak adına ailelerimizi karşımıza alır, üzeriz. Aslında onların ne denli değerli hazineler olduğunu bir bilebilsek!

Alışkanlıklarımız, gen haritamız, sırlarımız, yeti kaynaklarımız hepsi ailelerimizde saklı. Dahası bizim için karşılık beklemeden koşabilecek, yüzümüze iyiliğimiz için en kötüyü söyleyebilecek, katil de olsak, fahişe de olsak, sakat da olsak bizi yegane bağrına basacak, iyi günümüzde sevinçten ağlayabilecek yine ailemiz.

Bizim dünyadaki gelişim yolculuğumuz için seçtiğimiz adres onlar. Ya bu misafirliğimizi istemeselerdi? Onlar bizim dünya yüzündeki ilk ve kadim kaynaklarımız. İnsan olabilmemiz için bize el uzatmış sebebi varlıklarımız. Aileyi karşımıza almak ve onları üzmenin yaradılış programına yapılmış en büyük hakaret olduğunu düşünüyorum. Bunun da zaman içinde cezalarını çekerken hissetmiş, dersler almışımdır. Ben de üç sene inziva kararım ile yaradılış programının aile kitabını hatmedip, kaynağa dönmüştüm. İstanbul'a dönüşümüz benim için alınmış evin inşaatının bitmesini beklerken üç ay babamın evinde, genç kızlık odamda kızımla depresyon içinde, başka bir inzivaya çekilmiştim. Aralık ayı olmuştu. O güne kadar bana bir fiske vurmamış, kızgınlıklarını suskunluğuyla bildirmiş olan babamın odama şiddetle girip uzun saçlarımı eline dolayıp sürükleyerek aynanın karşısına getirişini unutamam. Varak çerçeveli taçlı güzel bir aynanın içinde solgun, gözaltları çukura kaçmış, kaşı gözü birbirine karışmış hastalıklı biri bakıyordu bana. Babamın gözlerinde ise öfkeyle karışık acıma duygusu vardı. Aynalar insanoğlunun dünya yüzündeki en gerçekçi, en sırdaş dostları. Ayna olmasa suretinizi nasıl algılayabilirdiniz ki? Aynalar konuşabilseydi neler neler anlatırlardı, kim bilir?

Yaşarken reenkarnasyon diye bir şey var ise (ki, aldığım öğreti bunu işaret eder), ben bu yaşantımda aynı kadim ailede o gün tekrar bilinç bulmuştum. Yeniden var olmuştum.

Aşk: Yeniden Doğuş

Babamın beni kendimi kapattığım odamdan çıkarıp, hayata döndüren sözleri, tavrı ile o sene yapılacak olan seçimlere katılmak için seçmen belgemi bulmak üzere evden nihayet çıkmış, sokaklarda kendimi arar olmuştum.

O gün Beşiktaş'tan, Dolmabahçe güzergâhına doğru dökülmüş kuru çınar yapraklarının üstünden hışırtı ile yürürken ayaklarım beni, 1970'li yıllarda bu yolu takip ederek gittiğim okulum Beyoğlu Ticaret Lisesi'ne götürdü. Değişen bahçe kapısının altından geçtim, değişmeyen bahçe duvarlarını, koca meşe ağacını okşadım, sırtımı dayayarak yaşama, yaradılışa olan güvenimi tazelemeye çalıştım. Güçlü bir gövdeye başımı yaslayıp otuz dokuz yılda dünyanın kirlettiği ruh ve bedenimi arıtmak için doyasıya ağlamak istiyordum. O gün hissettiğim suçlu: Dünya'ydı. Ve ben o gün içimde nokra tutmuş halindeki dünyamı o Bilge Bahçeye teslim edip, bir daha sayfaları okumamaya, kendimle sözleşip bomboş bir defter olarak okuldan dışarı çıktım.

İstanbul'dan ayrılmadan önce oturduğum en son adrese gidip seçim kartlarını alacaktım. Dükkân camlarında gördüğüm silüet bana çok yabancıydı. Hemen bir kuaföre girerek saçlarımı siyaha boyattım, bir butiğe girip ayak altından lastikli streç bir pantolon, siyah dik yaka bir kazak ve balıksırtı desenli bir ceket aldım.

Barbaros Bulvarı'nda bir apartmanın bahçe katında altı ay kadar oturmuştum. Son kayıtlı adresim orasıydı. Yan dairesinde kapıcı oturuyordu. Hala orada olabilir miydi? Altı ay boyunca ben işe gittiğimde kızımla o ilgilenmiş, üzerimizde hakkı vardı. Kapıyı açtığında çok sevinmiştim. Kahvesini içerken yaşadıklarımı özetledim, oraya yakın bir eve taşınacağımı söyledim. İş arıyor musun, diye sordu. Uygun bir iş bulursam çalışacağımı söyledim. Kolumdan çektiği gibi iki kat yukarda bir dairenin kapısını çaldı. Pala bıyıklı birçok adamın ortalıkta dolaştığı esrarengiz bir ofisti. Çalışma masasının arkasında diğerleri kadar kara, orta boylu, başında fötr şapkası ile Bay Saman Rengi oturuyordu. Kayserili, ellili yaşlarda, seçimlere İstanbul'dan katılan bağımsız aday. Seçim çalışmaları için organizasyonlarını yapacak birini arıyormuş. Benimle konuşması neticesinde bin dolar karşılığı on beş gün bu çalışmaları denetleyecektim. Önce cazip geldi, ertesi gün bu konuda yetersiz kalacağımı anlamıştım. Zaten kazanma şansı yoktu. Hitap ettiği kesim Alevi Cemaatiydi. Benim de bu konuda bilgim çok azdı. İstanbul'un nerelerinde yaşadıklarını bile bilmiyordum. Ofise geldiğimde, bin dolarını iade edip, bu konuda ona yardımcı olamayacağımı ve nedenlerini açıkladım. Para aramızda gidip geliyordu. Ben yapamayacağımı söyledikçe, o bana, bu seçimden bir başarı beklemediğini, siyasi hayatta adının listeden silinmemesi için katıldığını anlatıp, kalmam için ikna etmeye çalışıyordu.

Ona:

"Sizin İstanbul'u, Alevileri iyi tanıyan, siyasi hayat ile ilişkisi olan birine ihtiyacınız var. Ben ne yapacağımı bile bilmiyorum," deyince, "Peki, mavi gözlü de olsun mu?" diye dalga geçti. Hemen bir telefon çevirip, "Sıkışınca beni ara iki elim kanda olsa gelirim demiştin, gün o gündür, ofiste bekliyorum," dedi. O gün afiş hazırlamak, el ilanları dağıttırmakla geçti. Akşamüzeri mavi bir Mercedes kapının önüne park ederken, Bay Saman Rengi:

"Evet, beklenen misafirimiz siparişiniz üzerine gelmiştir," dedi.

Boş defterim o gün bu karşılaşma ile yazılmaya başlayacaktı. Bu bedende ikinci yaşam programım o gün başlamıştı. Gelen şimdiki sevgili eşim idi.

Bazen planlamadan, fark etmeden geleceğinizi kurgular, siparişler verirsiniz. Aradığım, kafamı yaslayacağım çare adamı, gölgesinde ısınabileceğin bir çatı, oku oku bitiremeyeceğim bir kitap.

Bay Saman Rengi hayatımızda üç ay yer almış güzel bir beraberlik için görevini yapmıştı.

Eşimle güzel bir birliktelikte, kararlı, çevremizi ve çocuklarımızı yıpratmadan, olayın akışını zamana bırakmıştık. Birbirimizin gözlerinin içine çok güzel bakıyorduk. Adeta eriyorduk. Ellerimiz değdiği anda, yalnız kalmak sevişip koklaşmak istiyorduk. Bu arayıştan, özlemden öte bir şeydi. Bu Aşk'tı.

Aşk bütün uyuşturucuların fevkinde bir saplantıdır. Düşünce, olay ve sorumluluklardan koparıp kendi bünyesinde sizi hapseden bir fırtınadır. Aşık olan acımasız, aşık olan egoist, aşık olan vurdum duymazdır. Bu fırtına dinene, hazmedilene kadar o insandan hayır beklenmez. Gözü görmez, kulağı duymaz. Aşk insanı kolay kolay da bulmaz. Bulduğunda da yaşanmalı, kıymeti bilinmeli, dejenere edilmeden, yakışır şekilde sergilenmelidir, diye düşünüyorum. Aşkımız insanların elinde, dilinde olduğu zaman gün gelir bizi yaralar, çıkmazlara sokar. İç benliğimizi böyle bir aşka karşı terbiye etmeliyiz. Bu hazırlık bizi yakışıksız aşklardan koruyacak, yaşanması gereken aşklardan da zarar görmemizi engelleyecektir. Aşkımızı olan yaşantımızın, sorumluluklarımızın paralelinde, onları feda etmeden yaşayabiliyorsak bu takdire şayan bir aşktır. Bilinçli yaşanan bir aşktır.

Zaten başlı başına aşk, İlahi Aşkın bir ön hazırlığıdır. İçinde bulunduğum öğretide 'Size eşler verdik, aşkı tadın öğrenin diye, yoksa İlahi aşkın karşısında nasıl durabilirsiniz,' der.

Neticede eşim ile 9.9.1999'da, haberim olmadan hazırlanmış nikâhımıza arkadaşlarımız Bordo Ailesi'nin şahitliğinde katıldım. Anne ve babamın, oğlumun, kayınvalidemin, ağabeyimin ve kayınbiraderlerimin bu günümüzde bizimle olmamaları dışında her şey güzeldi. Ama buruktum. Evliliğe, toplum huzurunda yaşamları paylaşmaya akit yaparken gösterilen özene çok değer vermişimdir. Evlilik müessesesi herkes gibi benim için de çok kutsaldır. Bir insanın şahsında, ailesinin, arkadaş çevresinin bir parçası olmaya, geçmiş gelecek tüm sağlık ve ekonomik zorluklarında yanında, paylaşmaya, onun geninden izler taşıyan çocuklar doğurmaya söz veriyorsunuz. Bunların bilincinde olup, bir de o insana duyduğunuz hisler aşk boyutundaysa yeniden doğuyorsunuz, demektir. Eğer aşk sarhoşu olmuş verdiğiniz akdin sorumluluklarının farkında değilseniz, zorlu bir birlikteliği götürmek, fedakarlık etmek, bazen pes edip aşkından vazgeçmek gerekebilir. İşin özü o özel günü sevdiklerimden uzak ve habersiz yaşamıştım.

-5-

ÖZ AŞUREM ve BİRAZ MAZİYE DÖNÜŞ

Ben aşure yaşamın şekeri. O gün çekirdek aşuremin malzemelerini ve özümde kayıtlı diğer yeni malzemeleri bir araya getirip sağlıklı bir şekilde pişirecek kalaylı bakır tencereme kavuşmuştum. Kavuşmuştum diyorum, çünkü ben hayatta hiçbir şeyin tesadüf olmadığına ancak çizilmiş bir senaryonun oyuncuları olduğumuza inananlardanım. Hatta yaşamı paylaştığımız herkesle daha önceleri farklı zaman ve mekân dilimlerinde beraber olduğumuza inanıyorum. Bu yaşam içinde ben iki, sevgili tencerem on altı yaşındayken karşılaşma programımız açılmış, birçok kere aynı mekânlarda bulunmuş ama biz birbirimizin ancak bugün farkına varmıştık.

Aşure yaşamım (beni geçmişimle, geleceğimle sarıp sarmalayacak) kalaylı bakır tenceresi (Eşim Ferit), ana malzemeleri, buğdayı (babam), suyu (annem), inciri (ağabeyim), nohudu (yengem), kuru kayısısı (yeğenim), sarı üzüm (oğlum), cevizi (kızım), dolmalık fıstık (Han Hoca ve ailesi), beyaz fasulye (Tülin), pirinci (Serbest Milletvekili adayımız) olarak 1996 yılında yeniden pişmeye başlayacaktı.

Babamın benim için aldığı evin inşaatı bitmiş, oğlum ve kızımla yeniden bir araya gelmiştik. Arzum İstanbul okul seviyesine ayak uydurmaya çalışıyor, ilkokulda bayağı zorlanıyordu. İki yaş önce okula başlamasının, çok çeşitli okullarda okumasının handikaplarını yaşıyordu. Oğlum benim yokluğumda, dedesi ve babasının ortak kararı ile kolejden alınmış, Otelcilik Meslek Lisesine verilmişti. Yüzme ve lisan kursları, piyano dersleri yalan olmuş, yokluğumda ne babasının, ne dedesinin evinde özel bir odası olamamıştı. Tam bir araya gelmiştik ki Ferit'le yeni bir beraberliğe karar vermemizden dolayı oğlumun yerleşmek üzere olan dengeleri yine bozulmuştu.

Ferit Yurtsever; tanıdığımda elli dört yaşındaydı. Muhteşem bir aşktı. Baba tarafından Bulgaristan, Razgrad (Deli orman), anne tarafından Yunanistan, Kavala mübadili kökenlerinden. Bursa'ya yerleşmişler. Babası daha eşim on altı yaşındayken vefat etmiş. Bir kardeşi dokuz yaşında, diğeri henüz annesinin karnında tayinle gittikleri İslahiye'den babasının vefatı ile Bursa'ya dönmüşler. Dede evinde zorlu yaşamları, annesinin bilinçli kararları ve yaşam prensipleri ile başarılı bir şekil almış. Eşim annesini anlatırken, "Üç erkek çocuğu ile dul kaldı ve bir gün bizim yüzümüzü yere eğdirmedi, kimseye muhtaç ettirmedi," derdi.

Ben Nilgün, öz aşuremin şekeri. Ferit Yurtsever'le beraber yaşantıma tat katan güzel bir aile ve çok güzel bir arkadaş çevresi katıldı. Dominant yapılı Hasibe Yurtsever; sevgili kayınvalidem tanıştığımda tek bastonuna yaslanarak yürür, her işini kendi yapmaya çalışırdı. Kısa zamanda çift baston ve sonra tekerlekli sandalyeye mahkûm oldu. Gezmeyi, misafirliği, insan ilişkilerini çok seven Hasibe Sultan arzu etmese de, hep birilerinin yardımına gereksinim duydu. Yaşadığı müddetçe ona özlediği her şeyi sağlamak vazifem oldu. Aktif yıllarında onunla yaşayamadıklarımızın acısını çıkarır şekilde programlar, sürprizler hazırladım. Hasibe Anne benim öz aşure yaşamımın hurmasıydı. Pişmeye ihtiyacı olmayan doğanın en kutsal meyvelerinden biri ile özdeşleşmişti. Zengin fosfor içeren hurma gibi Hasibe anne de etrafına ışık saçardı. İncil ve Kuran'da ayetlerde yer aldığı üzere Meryem hamileliğinde doğumunu yapacağı mağaraya giderken susuzluktan bitap düşmüştür. Çölde önüne dalları yükseklere uzanan ve üzeri meyvelerle dolu bir ağaç çıkar.

Ona eşlik eden Yusuf'a 'Bu meyvelerden yiyebilseydik,' der. Yusuf başını kaldırıp göğe doğru uzanmış dallara bakarak, 'Bu mümkün değil,' der. Ağacın dalları bu kutsal kadının karşısında yerlere kadar eğilip meyvelerini Meryem'e sunar. Hurma ağacı kuraklık meyvesi veren, canlıları besleyip doyuran çok değerli bir ağaçtır. Benim Hasibe Anam da aynen hurma misali, yoktan var edebilen mucize analardandı.

Bir diğer konu; mübadele. Ne sır yaşamlar gizli bu kelimenin altında. Acılar ve özlemlerle yüklü bir kelime. Duyduklarımla bir ucundan dokunmak istedim bu acılara. Bir mübadil ailenin kaçak göç yapmış üyesinden bahsedeceğim. Vaka öz aşuremin içinde kendisi bizatihi yok. Yok ama, onun yaşam aşuresinin en değerli malzemeleri ile pişti benim öz aşurem.

Ben aşure yaşamımın şekeri, hey koca İsmail Çavuş, ortak malzemelerle güzel bir tatlı yaptık. Ben benim acılı tatlarımı derledim dürdüm tatlıya çevirdim. Senin aşure yaşamını dinlediklerimle nasıl derleyebileceğim? Bakalım.

1916 Cumhuriyet öncesi doğumlu İsmail Baba. Osmanlı dönemi Razgrad'tan Molla Osman oğullarından inşaatçı İbrahim Usta'nın oğlu. Mübadele sırasında üç kardeşi anavatanlarına Bilecik şehrine göç edip yerleşirler. İsmail Baba, Bulgar bir hanım ağanın çiftliğinde hanım ağanın kahyası olmak üzere yetiştiriliyormuş. Yaşam seviyesi yüksek, kültürlü bir yaşam çarkı içinde kendini donatmış, yetiştirmiş. 1933 yılında Türklere tepki olarak Bulgarlar tarafından yerle bir edilen Türk mezarlıklarının yarattığı kaos, ayaklanmalar İsmail Baba'yı da etkilemiş olacak ki, o sene kaçak olarak Bulgaristan'ı terk eder. Razgard'dan çıkıp, Deli Orman'ı geçip, Bilecik'e bir buçuk senede yürüyerek gelir. Ablasının yaşadığı köyü bulup iki sene kadar eniştesinin yanında pancar toplar. 1937 yılında askerlik şubesine başvurup ast subay olmak istediğini söyler. Bulgarcasının olması, yapılan sınavlarda gösterdiği farklı performans yetkilileri ilgilendirmiş olmalı ki, kabul görür. 1938'de topçu gedikli astsubay olarak mezun olur. (O devirde ast subaylar belirli süre evlenme yasağına tabiydiler.) İsmail baba, güzel Hasibe'ye gönlünü kaptırmış, kaçırmak istemez. Nikâh kıyılır ancak askeriyeden bu nikâh gizlenir.

Bir de Hasibe Anne gözüyle bakalım...

Hasibe Anne de, İsmail Baba gibi göçmendir. Ailesi ile 1925 yılında Kavala'dan Bursa'ya gelip, yerleşmişler. İki kız, bir erkek üç kardeşi ile Muradiye semtinde aileye verilen evde yaşarlar. Çok güzel, kendine has cazibesi olan vakur bir genç kızdır Hasibe. İsmail Baba Edirne'de ki görevi sırasında Bursa'ya yolu düşer. Kader karşısına güzel Hasibe'yi çıkarır. Ne yapar ne eder, Hasibe'yi ve ailesini razı eder nikâhı yapar ve Hasibe'yi görev yeri Edirne'ye götürür. Bir müddet sonra, İstanbul Rami kışlası, oradan Ankara Ayaş ilçesine giderler. 1940'da evlenmişler, 1942'de çocukları doğana kadar nikâhlarını saklamışlardır. Ankara'da İsmail Çavuş ilk oğlu Ferit'i kucağına alır.

Ben aşure yaşamın şekeri Nilgün; öz aşuremi pişirirken beni ve yaşamımı etkileyen her güzel malzemeyi sarıp sarmalayan, koruyup kollayan, çocuklarımın gelişmesinde büyük katkısı olan değerli eşim Ferit; aşuremin kalaylı bakır tenceresidir. İsmail Baba ve Hasibe Anne için ise yaşam aşurelerinin ilk meyvesidir.

Bursa, Muradiye'de askerlik şubesinin yanında bir apartmanın ikinci katındaki kapıyı çalıyoruz. Ferit ilk eşinden ayrılma kararını annesine bildirmiş ve icazet almış, beni tanıştırmaya getirmişti. Heyecanı doruktaydı. Bir elinde bastonu ile Hasibe Sultan kapıyı açtığında sanki yıllardır tanıdığım, beraber olduğum bir eve gelmiş gibi elini ve yanaklarını öperek içeriye geçtim. Hemen sofrayı kurduk elleri ile yaptığı çorbasından, salçalı köftesinden, pilavından yedik. Bulaşıklarını yıkayıp kaldırdım. O gün sevgi ve saygıyla başlayan ilişkimiz on dört sene aynı şekilde devam etti. Hasibe Anne çekirdek ailem ile yekvücut olup aşuremi zenginleştirdi. Ben tanıdığımda içindeki sert çekirdeğinden kurtulmuş iyice olmuş bir hurma gibiydi. Hasibe Sultan aşure yaşamımın şekerine kendini bıraktı ve dolu dolu on dört sene ana kız muhabbeti içinde çok güzel anılar edindik.

Rahatsızlığının son dört senesini benim evimde geçirdi. Ondan önce hafta sonları devamlı ziyaretine giderdik. Üç oğlu, gelinleri, kardeşi ve torunlarıyla beraber olmaktan mutlu olurdu. Ondan öğrendiğim en büyük ders; her şeye rağmen hayattan kopmamak. Sanki bu dünyadan hiç gidiş yokmuş gibi uzun hayaller kurup yaşayabilmek. O kadar yaşamayı severdi ki, seksen beş yaşında tekerlekli sandalyesinde birçok yerinde dayanılmaz ağrıları varken evinin balkonunu nasıl kapatacağını planlardı. O yaşında goblen tablolar işler, nakış yapardı.

Hasibe anneden ev düzenini, mutfakta şartlı temizliği, el emeğine saygıyı, ana olmanın sınırsız fedakarlıkla bağdaştığını öğrendim.

Aşure yaşamımın vazgeçilmez aromaları portakal ve limon kabuğu ile özdeşleştirdiğim kayınbiraderlerim Faruk ve İsmail tanıştığımız günden itibaren benim de kardeşlerim oldular. Onları tamamlayan eltilerim ve çocukları aşure yaşantımın vazgeçilmez malzemeleriydi. Yeğenler tanıdığımda çocuktular, on dört senede büyüdüler, anne baba oldular. Her biri ailesine ve vatanına hayırlı insanlar oldular. Oldular derken; bu oluşuma el veren ailelerini kutlamak gerekir. Narenciye bahçelerinin o zengin görünüşü gibi bir fotoğraf içinde, ne fırtınalı bir gelişim yolculuğu vardır? Meyvelerine zarar gelmemesi için, gövdesinin doğaya ve diğer canlılara gösterdiği direnç kayınbiraderlerim için de geçerliydi. Bütün programları çocukları odaklıydı. Korumak ve kollamak üzerine programlanmışlardı adeta. Neticede aşure yaşamıma çok güzel aromaları ile katkıda bulundular.

Eşimle tanışıp beraber olmaya karar verdiğimizde benim için hayat yeniden başlamış, hatta hayallerim, ideallerim bile şekil değiştirmişti. Kendi kabuğunda sade ve sessiz bir yaşam özlemi içindeyken yeniden ticari hayaller ve beraber bir yaşam için araştırmalar başlamıştı. Aşure yaşamıma yeni bir aile ve dostlar katılmıştı. Her anı kendim isteyerek, planlayarak yaşıyordum. Benim düşüncelerimin eseriydi günlerim. Eşimle aynı şekilde düşünüyor, hatta konuşmadan tatbik edip bu senkronizeden mutlu oluyorduk. Her gülistanlık içinde bir tırtıl çıkar. Bizim de bu birlikteliğimizi, önce işime ortak olarak seçtiğim bir arkadaşım ve eşi gölgeledi. Güvenimizi kötüye kullanarak bizi üzdüler. Ortaklığımızı sonlandırma aşamasında gösterdikleri tepki sonucunda, geçirdiğim şoktan gözlerimde tedavisi mümkün olmayan izler kaldı. İkinci kez bir ortak darbesi yemiştim. Öz aşuremin tuzu azıcık fazla kaçmıştı. Bu sefer yalnız değildim. Yanımda Ferit Yurtsever vardı. İlk darbede yaşadığım panik ve gösterdiğim hassasiyeti bu sefer Ferit sayesinde daha düşük zararla atlatmıştık. Bir daha iş yaşantıma bir ortak sokmamaya yemin etmiştim. Zaaflarımızdan kurtulamadığımız sürece o konudaki sınavlarımız daha güçlü bir şekilde tekrar karşımıza çıkıyor. Ticaret hayatında aileden gelen bir tecrübem yoktu. Onun için yaşadıklarımdan ders alıp daha dikkatli olmam gerekirdi. İnsanlara olan sınırsız güvenim, paranın sevk ve idaresindeki denetimimi ortadan kaldırınca vahim netice kaçınılmaz olmuştu.

Sene 1996, Kasım 12, sevgili eşimin yaş günü

Henüz bir senelik bir beraberliğimiz vardı eşimle. İkimiz de ikinci kere kuracağımız düzen için cebimizde tecrübelerimiz, gönlümüzde sevgimiz oldukça itina ediyorduk. Yaşam şeklimizi minimalist bir seviyeye indirip, yeniden ortak bir şekil oluşturmaya çalıştık.

Eşim, on altı yaşında babasını kaybedince, biri dokuz yaşında ve diğeri henüz annesinin karnında olan iki erkek kardeşe baba olma görevini üstlenmiş, önce askeri lise, sonra Harbiye derken son sınıfta 1963 ihtilal girişimi sonucu Mülkiye'ye transfer, ikinci, yüksek eğitim programı ve Sayıştay denetçiliği. Böyle bir gençlik yolculuğu sırasında sınıf arkadaşı ile evlenmiş, bir erkek çocuk sahibi olmuş, 'Lacivert Ailesi'

Ben ise, babam, annem, on dört yaş büyük ağabeyim ile dört kişilik 'Gül Kurusu Ailesi'nin üyesiyim. On dokuz yaşında Şişli Siyasal Bilimler Fakültesi'nde okurken çocuklarımın babası ile evlendim. On üç sene süren evliliğimiz ikinci çocuğum iki yaşındayken sonlandı. Türkiye standartlarında başarılı bir ev kadını görüntüsünde yaşanmış on üç seneden sonra boşanma işlemlerinin başlaması ile birlikte balıklama ticaret hayatının içine dalmıştım. Büyük tecrübe ve dersler çıkarttığım beş sene için bazen hiç yaşamamış olsaydım demişimdir. Ancak, bugünkü geldiğim çizgideki beni, bu 'Mor Kadını', o günlerdeki yaşanmışlıklar oluşturdu.

İşte Bu Kadın; Benim Karım

İkinci eşimin elli beş yaşına bastığı, ilk olarak beraber kutlayacağımız o gün benim için çok önemliydi. Beraber bir yaşama karar verdiğimiz bu süreç, onun özellikle Mülkiyeli arkadaşlarına karşı çok hassas olduğu bir dönemdi. Uzun süredir ayrı yaşadığı eşinden boşanma kararı almış olması ortak okul arkadaşları tarafından nasıl karşılanmıştı? Arkadaşları ile ilişkiyi devam ettirme önceliğini eski eşine tanımış, o güne kadar beni bekar tek arkadaşı dışında kimse ile tanıştırmamıştı. Arkadaşı kahverengi ile birkaç kere Beyoğlu'nda çiçek pasajında akşam yemeği yemiştik. Kahverengi'nin rengine münhasır yalın, sır görüntüsü arkasında yumuşak, kederli bir kimliği vardı.

Eşim, o arkadaş çevresini çok özlemişti ki, devamlı anılarını anlatıyor, akşamları kadehini gıyaplarında onlar için kaldırıyordu. Çok geniş ve derin bir arkadaş muhitinin olmasına gıpta ile bakıyor, onlardan uzaklaşmasına neden olduğum için üzüntü duyuyordum.

Bu durumu düzeltme adına zor bir sürprizi hayata geçirmeye karar verdim.

Sürprizim; yaş gününe en çok sevdiği arkadaşlarından ulaşabildiklerimi çağıracaktım. Bu bir akşam yemeği daveti olacaktı. Kahverengi ile irtibat kurup planımı anlattım. Eşimin beraber olmaktan keyif alacağı beş çiftin telefon numaralarını aldım. Önce Bayan Kavuniçi ile görüştüm. Kendimi arkadaşlarının müstakbel eşi olarak tanıttım. Şayet bu davetimi geri çevirirlerse bu tepkilerini saygıyla karşılayacağımı, ancak, eşimin onlara olan özlemini dile getirdim. Aynı şekilde Bayan Yosun Yeşili, Bayan Taba, Bayan Turuncu ve Bayan Kobalt mavisi de, Kavuniçi çifti gibi davetimi sevgiyle kabul ettiklerini söylediler. Konuşmam sırasında diyetleri olup olmadığını, içki tercihlerini ve hoşlandıkları müziği esprili bir şekilde sorguladım. Önümde hazırlanmak için üç günüm vardı. İkinci eşimle beraberliğimizde aile dışına vereceğim ilk davetti. Tanımadığım, beni, her türlü sınava tabi tutacak gurmelere karşı hazırlanacaktım. Eşimi, seçiminden dolayı mahcup etmemeli, eşime karşı da böyle bir organizasyondan dolayı kendim de mahcup olmamalıydım.

Sabah dokuz ile akşam beş saatleri arasında işimin başında olmak zorundaydım. Normal olarak akşamları ertesi günün yemeğini hazırlardım. Kızım ve eşim mutfak meşguliyetim sırasında televizyon seyrederler, yılların baba-kız özlemini gidermeye çalışırlardı. Bu üç günün akşamlarında, hatta gece yarısı davetim için gizli bir şekilde hazırlık yapmam gerekiyordu. Kahverengi'nin dışında bu sürprizden bir de kızımın haberi vardı.

Öncelikle mönümü hazırladım. Mevsim sebzelerinin seçilmesi, içilecek içkiye uygun olması, çeşit seçiminin içeriğinde malzemenin tekrarlanmaması, mideyi rahatsız etmeyecek sıralama takip etmesi gibi konulara özen gösterdim. Önce yapabileceklerimi yazdım, sonra malzeme tekrarı olanları eledim ve sıraladım.

1) Aperatif içki ile (ki rakı tercih ettiklerini söylemişlerdi) servis etmek için peynir ve söğüş dil
2) Sofranın vazgeçilmezi; iştah açıcı bir salata
3) Soğuk meze ve zeytinyağlı yemekler (Çerkez tavuğu, Rus salatası, fasulye pilaki)
4) Ara sıcaklar (pazılı börek, içli köfte)
5) Ana yemek (ciğer sarma)
6) İşkembe çorbası
7) Ev yapımı vişnovska eşliğinde Türk kahvesi, yanında ev yapımı on üç adet vişneli brownie (bir tanesinin üzerinde mor bir mum)

Ondan sonraki hazırlık planı; masa örtüsüne karar vermek (bordo keten üzerine bol delikli 'beyaz iş' örtü örtecektim), buzlukları hazırlamak, servisteki diğer ihtiyaçları gözden geçirmek (yemek peçeteleri, kürdan, baharat ve salata sosu seti, soğutulmuş içki kadehleri, ekmek sepeti ve servis malzemeleri), yapılacak yemeklerin evde olmayan malzemelerini ayırıp ihtiyaçları belirlemek. Evimin temizlenmesi, banyoda misafir havlularımın hazırlanması gibi detayları da planladıktan sonra, ertesi günü öğlen tatilinde alışverişimi bitirip, eşimin dikkatini çekmeyecek şekilde yerleştirdim.

Aperatif içki ile vereceğim peynir için Beyaz peynir (az delikli, sert ve az tuzlu), yine az tuzlu tulum peyniri ve gravyer peyniri ile peynir tabağını hazırlayacaktım.

Söğüş dil

Sakatatçıdan en az üç dört gün önce kesilmiş (taze kesilmiş) bir dana dılı temizlenmiş olarak aldım. Evde çukur bir kapta bir saat kadar sirkeli suda beklettim (Üzerine çıkacak kadar suya bir çay bardağı sirke yeterlidir). Düdüklü tencerede iki üç yaprak defne, beş altı adet tane karabiber, bir tatlı kaşığı tuz ve bir tatlı kaşığı şeker ile iki su bardağı kadar su koyarak pişirdim (Düdüğü öttükten sonra 20 dakika yeterli olacaktır). Folyoya sarıp servis sırasında dilimlenmek üzere dolaba kaldırdım.

Salata malzemelerini bir gün evvel aldım. Yemek gününün sabahında yıkayıp, süzdürüp doğranması işlemini servise çıkmasından en fazla iki saat önce yapmalı, sosunu yarım saat önce dökmelidir. Salata için lekesiz pörsümemiş kıvırcık salata, üç dört adet salatalık, üç adet ezik olmayan mümkünse tarla domatesi (mevsimi değilse çeri domatesi olabilir), dört beş adet yeşil tatlı biber, bir demet taze soğan (beş altı adet), bir demet (on sap) roka yeterli olacaktır. Renkli kıvırcık veya renkli biberler eklenebilir. Temizlenip, suları süzdürülmüş malzemeleri doğradıktan sonra servise yakın iyice çırptığınız sosunu döküp iyice karıştırırız. Salata kasemize yerleştirdikten sonra çekirdeği alınmış zeytin veya iri kırılmış ceviz ile süsleriz.

Salata sosu; bir çay fincanı zeytinyağı, bir sulu iri limon, bir çorba kaşığı sirke, birer tatlı kaşığı şeker, tuz iyice çırpılır.

Meze ve zeytinyağlı yemeklerin servisten bir gün önce yapılması netice için daha iyidir. Ancak midye dolma veya sarma gibi pirinçli zeytinyağlıların ılık servis edilmesi de ayrı bir güzellik yaratır.

Amerikan salatası (RUS SALATASI) için önce sebzelerini hazırlayıp pişirir, soğumasını beklerken mayonezini hazırlarım. Mayonezi hazır alıp kullanabilirsiniz. Ben o özel günde kendim yapmayı tercih ettim (Rus salatası olarak adlandırmama bir açıklık getirmek istiyorum. Günümüzde 'Amerikan salatası' olarak adlandırılmasına rağmen menşei Ruslara aittir. 1960 yıllarında Amerikan Altıncı Filosu İstanbul'a geldiğinde filodakiler salatayı çok beğenerek tüketirler. Filo komutanı bundan sonra bu salatanın adı 'Amerikan Salatası'dır, der. O dönemdeki Amerikan özentisinin yaygınlığından dolayı halkımızca bu isim benimsenir. Ben de diyorum ki; mümkünse menşeine saygıyla 'Rus Salatası' olarak kullanalım. Bu konu ile ilgili uyarıyı kitabımın müsveddesini okurken yapmış olan sevgili dostum Oğuz Başarır'a bilgilendirmesi için teşekkür ederim).

Üç orta boy patates, üç küçük havuç, bir su bardağı kadar bezelye tanesini buhar makinesinde 15 dakika da pişirdim (düdüklüde tavuk suyunda pişirirseniz çok daha lezzetli olacaktır). Havuç ve patatesler bezelye tanesi büyüklüğünde doğranmış olmalıdır. Doğramayı tercihen çiğken yapmalıyız. Pişmiş sebze karışımının içine küçük doğranmış kornişon turşularını da katarız. Sebzeler soğuduktan sonra mayonezi ile karıştırır servis tabağına dökeriz. Mayonezden az bir parça ayırıp servis tabağında güzel bir görüntü elde etmek için kalan parça ile üzerini düzeltiriz. Julyen kesilmiş turşu veya çekirdeği çıkarılmış yeşil (Ayvalık) ve siyah zeytin (Gemlik) parçaları ile süsleyebilirsiniz.

Mayonez; Rus salatasının sebzeleri pişerken iki yumurtanın sarısını bir tutam tuz ve şeker, yarım limon suyu ile çırparız. Yumurtaların oda sıcaklığında olması gerekir. Üç yüz gram sızma zeytinyağını (mandalinalı) bu karışıma çırpma işlemi devam ederken yediririz. Yağı ince bir şekilde yavaş dökmeliyiz. Mayonezin kıvamı biraz sulu düşerse bir tatlı kaşığı pirinç ununu az su ile pişirip ilave edebiliriz. Çok koyu düşerse az bir ılık su ile inceltebiliriz. Necip usta tariflerinde limon yerine sirke kullanır. Hatta sirkeyi bir cezvede kaynatarak konsantre hale getirip yumurta ile çırpar. Her ikisinde de neticeye ulaşılır.

Çerkez tavuğu ziyafet sofralarımın olmazsa olmazıdır. Çok beğenilmesinin sebepleri var tabii ki.

Harcını yaparken et makinesi kullanıyorum. Malzemesi birbiri ile çok iyi karıştığı gibi ceviz yağını malzemeye aktarıyor, tavuğu az suda düdüklüde pişiriyorum. Cevizini ekmeğinden daha fazla katıyorum.

Bütün olarak yağlı bir tavuk alırız. Popo kısmında parçalar halindeki yağlarını az bir suda kısık ateşte eritiriz. Su buhar olur. Tavuğun erimiş yağı kalır. Temizlenmiş, ateşte tütsülenip popo üzerindeki yağlı kıl keseciği çıkarılıp atılmış olan tavuğu bu erimiş tavuk yağında çevirerek derisinin altındaki asitli yağı eritmesini sağlarız. Sonra tavuğu iki su bardağı su, tuz ve şeker ile (birer tatlı kaşığı) düdüklüde düdük öttükten sonra 15 dakika pişiririz. Tavuğu düdüklüden kevgirle başka bir kaba çıkarırız. Tavuk pişerken; diğer tarafta 300 gr. ceviz, yarım ekmek içi (4-5 dilim), beş diş sarımsağı et makinesinden (veya rondodan) geçiririz. Sıcak tavuk suyunu bu malzemeye yavaşça dökerek yediririz. Soğuyunca katılaşacağını hesap ederek akıcı kıvama getiririz. Tavuk parçalarını bu karışımın içine atarak servis tabağına yerleştiririz. Üzeri iri ceviz parçaları ile süslenebilir.

Bir gün evvel hazırladığım yemeklerden biri de zeytinyağlı beyaz **fasulye pilakisi** idi. Beyaz fasulye her ne kadar Türk yemeği olarak bilinirse de, tarihçesine baktığımızda öyle olmadığını görüyoruz. Ancak Türklerin beyaz fasulyeyi kendilerine mal edecek kadar severek ve çeşitli şekillerde pişirerek kullandığı da bir gerçektir. İklim şartları olarak çok yağışlı yerlerde yetiştiği için Doğu Karadeniz yöremizde tarımı yapılmıştır. 1500'lü yıllarda Amerika'dan Avrupa'ya gelmiş olan beyaz fasulye ile tanışmamız Osmanlı'da Kanuni'den daha sonraki dönemlere rastlar.

Bir gece evvel ıslattığımız dermason kuru fasulyeyi hiçbir şey katmadan üstüne kadar su koyarak on dakika kaynatıp, diğer tarafta malzemelerini hazırlayana kadar bu su içinde bekletiriz.

Pilaki dendiği zaman hangi ürünün pilakisini yaparsanız yapın bol soğan, bol sarımsak ve bol sızma zeytinyağı (1/3 mandalinalı, 1/3 sarımsaklı, 1/3 kırmızı acı biberli) ister. Bir su bardağı kuru fasulye için üç orta boy soğan, temizlenip ince verev doğranmış havuç ve bir baş temizlenmiş her tanesi yarıya bölünmüş sarımsakları (sarımsak tanelerinin ortalarında yeşil kısımlar varsa çıkartılmalıdır) mısır özü yağında orta hararette çeviriniz. Zeytinyağında kavurma veya kızartma yapmak sağlığımız için zararlıdır. Pilaki salçalı veya beyaz olabilir. Eğer renkli olmasını istiyorsak bu aşamada bir çorba kaşığı salçayı ilave ederiz (Hatta kavurma işlemini yapmadan küçük arpacık soğan, sarımsak ve havuçları kuru fasulye ile beraber düdüklüde beraber pişirebiliriz. Daha sağlıklı olacaktır.).

Yağda çevirdiğimiz malzemeye haşlayıp süzdüğümüz fasulyeleri ilave ederiz. Birer tatlı kaşığı tuz ve şeker ile üzerine çıkana kadar su ve yarım su bardağı sızma zeytinyağını koyduğumuzda yemek pişmeye hazırdır. Düdük öttükten 10 dakika sonra altını kapatıp, kapağını açmadan demlenmesini beklemeliyiz. Servis tabağına boşalttığımızda üzerini maydanoz yaprakları ile süsleriz.

Ara sıcaklar için seçmiş olduğum börek **pazılı yufka böreğiydi**. Bu böreği ıspanakla da yapabiliriz. Pazıyı alırken lekesiz iri yapraklı olmasına dikkat etmeliyiz. Yıkayıp kuruttuktan sonra halka doğranmış bir büyük soğanla beraber mısırözü yağda kavurup suyunu çektiririz. Kavurmanın sonlarına doğru birer tatlı kaşığı tuz ve şeker ilave ederiz. Bir yufkadan iki adet gül börek yapıldığını düşünerek yufka alırız. Bir demet pazı ile yaklaşık sekiz yufka sarabiliriz. Yufkaları ikiye bölerek hazırlarız. Diğer tarafta iki yumurta 50 gr.lık bir paket krema, eritilmiş iki çorba kaşığı tereyağı bir çay bardağı su katarak sosunu hazırlarız.

Elli gram kadar taze kaşarı da rendeleriz. Yarım yufkanın düz kenarına boylu boyunca rendelenmiş kaşarı serperiz. Üzerine kavrulmuş pazıyı ilave ederiz. Yufkanın boş kalan kısmına yumuşak fırça ile sosumuzdan süreriz. Pazının kenarından başlayarak yufkamızı oklava gibi sarar sonra ucunun etrafında döndürerek gül şekline getiririz. Gül böreklerimizi yağlanmış tepsimize yerleştirir, kalan sosa bir yumurta daha ilave ederek böreklerin üzerine süreriz. 180 derece fırında yaklaşık 25 dakikada pişerler. Çay servisinin yanında sunmayı düşündüğümüzde bu gül börek ebadı büyük gelebilir. Bir yufkayı dörde bölerek aynı işlemi yapıp küçük gül börekleri elde edebiliriz (Malzemeyi yufkanın yuvarlak kenar kısmına koyup, sarmalıyız).

Boş zamanlarımızda yapıp buzluğumuzda bekletebileceğimiz özel yiyeceklerden biri de 'İçli Köfte'. Daha çok Güney Doğu Anadolu illeri ve Adana, Erzurum şehirlerinde çeşitlendirilmiş, çok tüketilen, yapımı zahmetli ancak çok lezzetli yiyeceklerdendir. İçli Köfte Arap mutfağının 'kıbbe' olarak isimlendirdikleri köftesine benzer. Kökeni Arabistan diyebiliriz. Anadolu'da her şehirde farklılıklar arz etmektedir. Sağlığımıza en uygun olanın bu yapım şekli olduğunu gördüğüm için, ben Bitlis'te yapılan şeklini tercih etmişimdir.

Buradaki fark içli köftenin dış harcındaki malzemesinden kaynaklanıyor. Birçok yerde dış harcına et katmazlar. Benim öğrendiğim içli köftenin dış malzemesi bardak ölçüsü ile yarı yarıya et ve ince bulgurdur. İç malzemesinin içine kıbbede olduğu gibi, birçok yerlerde kuyruk yağı koyarlar. Benim iç harcımda döş yağı ile çekilmiş koyun kıyması, bol soğan, acı biber salçası, acı biberli zeytinyağı ve ceviz vardır.

Bir su bardağı ince bulguru ılık su ile yıkayıp, süzeriz. Dibinde hafif bir su kalabilir. 15 dakika kadar bekletiriz. Bir bardak kıymayı da hazırlarız. Ben kıyma makinem olduğu için daha pratik olarak karışımın kıvamını kısa sürede yorulmadan hallediyorum. Makinesi olmayanlar; önce avucunun ayası ile ince bulguru ezerek yoğurur. Bir yumurta akı, bir çorba kaşığı unu ilave ederek yoğurmaya devam edilir. Yaklaşık on beş dakika süren bu yoğurmadan sonra yavaş yavaş et katılarak malzemenin birbirine tamamen karışması sağlanır. Birer tatlı kaşığı tuz, şeker, karabiber katılır ve birbirinden ayrılmayan bir top elde edene kadar bu işlem devam eder. İçli köftenin en önemli kısmı bu karışımın yeterli homojenlikte olması, parçalanmamasıdır. Sonra ceviz büyüklüğünde parçalar halinde küçük toplar yapıp üzerini nemli bir bezle örteriz. Yaklaşık yirmi dakika beklemelidir. Bir bardaklık ölçüden yaklaşık kırk adet köfte elde edilir. Makinede yaparken içine bir yumurta akı, bir kaşık un, birer tatlı kaşığı tuz, şeker ve karabiber katılmış ıslanmış ince bulguru üç sefer çekeriz. Dördüncü çekişte eti azar azar arasına katarız. Beşinci çekişte dış malzememiz hazırdır.

İç malzemesi için, yarım kilo yağlı koyun kıymasını minik doğranmış, üç büyük soğanla kavururuz. Kavurma esnasında bir çorba kaşığı domates salçası, bir çorba kaşığı acılı biber salçası ve biberli sızma yağı, birer çay kaşığı şeker, kimyon katarız. İçini, dış malzemesini hazırlamadan yaparsak soğuması için vakıt kazanmış oluruz. Soğuyan iç malzemesine iri çekilmiş cevizi katarak karıştırır, kavurmayı taneleriz.

İşin beceri isteyen kısmına sıra gelmiştir. Yuvarladığımız toplardan birini sol avucunuza alın. Sağ başparmağınız ile ortasına bir çukur açıp, döndürerek topu inceltmeye çalışın. Bu işlem uzun sürerse malzeme kuruyup parçalanır. Yanınızda bir çanak su bulundurursanız parmağınızı ıslatıp kurumasını önlersiniz. Yumurta kabuğu inceliğinde açılabilir. Tabi bu çok tecrübe ister. Parçalanmadan olduğu kadar çanak haline getirip, kavurup soğuttuğunuz iç malzemesinden tatlı kaşığı yardımı ile çanağa yeterince koyun. Kenarlarını birleştirip ıslattığınız parmağınızla düzeltin. Tüm köfteler bu şekilde bittiğinde son aşama bir işleminiz daha kalıyor. Buhar makinesinde veya ocak üstü sepetli tencerenizde ya da makarna süzgecinizi süzgece değmeyecek yükseklikte su konulmuş tencerenizle, köftelerinizi birbirine değmeyecek şekilde yerleştirerek buharlayınız. Rengi beyazlaşacaktır. Soğuyunca saklama naylonlarına sararak buzluğa atarız.

Servisten en az yirmi dakika önce çıkarıp, bekletmeliyiz. Kızgın bol yağda kızarmalıdır. Bir başka pişirme şekli de salçalı sosta kaynatılır.

Ziyafetimden üç gün önce adam başı ikişer tane yenecek adette bu tarifi hazırlayıp, o gün kızartmak üzere buzlukta sakladım. Yanında haşlandıktan sonra kırmızıbiberli tereyağında döndürülmüş minik patateslerle servis edecektim.

O özel günün ana yemeği de özel olmalıydı. Trakya mutfağına ait olduğu bilinen **ciğer sarma** gerçekte sakatatı en güzel ve sık kullanan Rumelilere aittir. Bir takım kuzu ciğeri, bir kuzu gömleği ve bir su bardağı pirinç ile yaklaşık yirmi adet sarma yapabiliriz.

Kuzu gömleğini on dakika kadar sıcak suda bekletir, tezgâh üzerine yayarak on beş santimlik kareler halinde keseriz. Çukur küçük hoşaf kâsesinin içine bu parçaları yağ pütürleri dışa gelecek şekilde yerleştiririz. Her bir kestiğimiz gömleği bu şekilde içine ciğerli iç pilavla doldurarak bohçalayacak, ters çevirip bor cama dizeceğiz. Sarmalara en çok yakışan ve fırına dayanıklı malzeme camdır. Porselen veya toprak kap kullanabilirsiniz.

İç Pilav; bir bardak pirinç için üç büyük soğanı küçük doğrarız. Derin pilav tenceresinde mısırözü yağı, bir çay bardağı dolmalık fıstık, bir çay bardağı dolmalık üzüm ile soğanı kavururuz. Fıstıklar pembeleşmeye başladığında pirinci ilave ederiz. Kavurmaya devam ederken diğer tarafta maydanoz, dereotunu yıkayıp ince doğrarız. Bir buçuk su bardağı su ile nane, maydanoz, dereotu, birer tatlı kaşığı tuz, karabiber, şeker ve yenibaharı katıp kısık ateşte pişiririz. Suyunu çekmekteyken iki çorba kaşığı tereyağı ve mandalina aromalı zeytinyağı (katı yağların bünyede çözülmesine yardımcıdır) ilave eder, demlenmesi için uyku örtüsüne sararız (Yaptığımız tüm pilavları ocaktan alınca ısısını koruyacak bir örtüde dinlendirmek gerekir. Mutfağınızda böyle bir uyku örtüsü edinmelisiniz.).

Pilavımız dinlenirken kuzu ciğerinin zarını parmağınız yardımıyla soyar, minik parçalar halinde doğrarız. Mısır özü yağında çevirir, kapağını kapatıp kısık ateşte beş dakika pişmesini bekleriz. Pilavı açtığımızda ciğerleri içine karıştırıp, kaşıkla pilavı taneleriz.

Kase içindeki gömleklere iç pilavdan yeterince koyup bohça şeklinde karşılıklı köşelerini üst üste gelecek şekilde birleştirip, fırın kabımıza ters çeviririz. Hepsini doldurduktan sonra bir kaşık yoğurtla çırpılmış bir yumurtayı üzerine fırça ile süreriz. 160 derece sıcaklıktaki fırında on beş dakikada servise hazır olur. Fırından çıkarttığınızda kabın içinde bol yağ ile karşılaşacaksınız. Önce küçük bir kepçe ile fazla yağı alıp, servis etmenizi öneririm.

İşkembe çorbasını da bir gün önce pişirip buzdolabında saklayabilmiştim. Sakatatçıdan bir buçuk kilo kadar dana işkembesi aldım. Alırken damarlı, hatta kıvırcık gibi bone tabir edilen bölgesinden alırsanız daha güzel olur. Pişirirken tavuk veya et suyu ilave ederseniz çok daha lezzetli olacaktır. Onun için elimizin altında hazır yok ise, kanat ve boyun alarak suyundan istifade edebiliriz.

İşkembeleri dilde olduğu gibi sirkeli suda bekletir, fazla yağlarını ve iç kısmında yağları saklayan zarını parmaklarımızın yardımı ile temizleriz.

Düdüklüde üstüne çıkana kadar su, yedi-sekiz adet tane biber ile düdüğü öttükten sonra yarım saat kadar pişiririz. İşkembe parçalarını çıkarıp tahta üzerinde küçük parçalara böleriz (Tuzlama tabir ettiğimiz terbiye yapılmadan servis edilen bir şekli vardır ki; bunun işkembe parçaları büyükçe kesilir). Bu arada iki kaşık unu mısırözü yağı ile kavurup hazırladığımız et veya tavuk suyunu una yedirerek katarız. Sonra işkembe suyunun içine ilave ederiz. İlave ederken, unun pütür yapmaması için devamlı karıştırarak suya yayılmasını sağlamalıyız. Kaynarken tanelerini, bir tatlı kaşığı tuz, bir çay kaşığı şeker koyar ve terbiyesini yavaş yavaş akıtırız (Terbiyesi için bir yumurta sarısı, yarım limon iyice çırpılır, içine azar azar çorbanın suyundan katılarak ısı dengesi sağlanır.).

Sofraya servis etmeden üzerine tereyağında kızdırılmış kırmızıbiber veya kırmızıbiberli sızma yağ dökebilirsiniz. Yanında sarımsaklı sirke hazır edilmelidir. İsteyenler tabaklarına ilave ederler.

Günün anlamını ifade edecek kutlama için böyle ağır bir yemek mönüsünün üstüne bütün kremalı pasta yerine, herkese küçük bir brownie hazırlamayı düşünmüştüm. Eşimin Brownie'sinin üzerine mor bir mum koyarak bu ritüeli de yerine getirmiş olacaktık.

Brownie için dört yumurta, iki bardak şeker, bir bardak mısırözü yağ, bir bardak süt, 50 gr. kakao, bir paket kabartma tozu, bir paket vanilya ve iki bardak un hazırlamamız gerekiyor. Önce yumurta ve şekeri kıvama gelinceye kadar çırparız, içine yağ, süt ve erimiş çikolatayı katıp iyice birbirine karışmasına yardım ederiz. Bir buçuk bardak kadar sostan ayırıp kalanına vanilya, kabartma tozu ve unu ilave ederiz. Piyasada çeşitli şekil ve malzemede küçük kek kalıpları satılıyor. Kenarları pilili kağıt kalıplardan edinip malzememizi onların içine akıtırız. Fırın tepsimize yerleştirip 180 derece sıcaklıkta, 25 dakika pişiririz. Bundan sonraki aşama biraz dikkat isteyecektir. Fırından çıkarınca kalıplarından ayırıp servis tabağına dizeriz. Her birinin üzerini bıçak yardımı ile artı işareti olacak gibi çizer ortasından içine doğru bıçağın ucunu burgu yaparız. Ayırdığımız bir buçuk bardak sosu bu deliklerden başlayarak üzerlerine dökeriz.

Ben malzemesinin içine evde yaptığım vişnovska içkisinin vişne tanelerini küçük parçalar halinde kattım. Ceviz veya sarı üzümde katılabilir.

Brownie, Fransızlara özgü bir ıslak kek modelidir. Verdiğim tarifi tek tek kalıplarda olduğu gibi, büyük kek kalıbında da pişirebiliriz. Malzemeyi dökmeden kalıbı folyo kağıt ile kaplamalıyız.

12 Kasım günü işimden erken çıkıp son eksiklerimi ve doğum günü hediyemi alıp eve gittim. Pazılı böreğim fırında pişmeye başlamış, ciğer sarmalarım seramik tepsi içinde fırınlanmak üzere bekliyor, Rus salatası, Çerkez tavuğu, pilaki saklama kaplarından kayık servis tabaklarına yerleştirilip süslenecek. İçli köfteler kızartılmayı bekliyorlar.

Kızımla beraber duşumuzu alıp, sade, iddiasız bir elbise ile saçlarımı ensemde serbestçe topladım. Parmağımdaki tek taş yüzükten başka hiçbir takı kullanmadan, hafif makyajımla görüntümü tamamladım. Saat yedi gibi eşimin ayak seslerine kapıyı açıp karşıladık. Bizi karşısında olağan dışı görünce:

– Hayrola neler oluyor? dedi.

Bugün onun yaş günü için hazırlandığımızı, onun da bize eşlik edip pijamaları yerine rahat bir kıyafet giymesini istedik.

Tam koltuğuna oturmuş kızımla akşam muhabbetine başlarlarken kapı çalındı. Kendisinden kapıyı açmasını rica ettik. Kızım ve ben, salonda seslere odaklanmış bu karşılaşmanın keyifli izleyicileriydik. Yaklaşık on dakika kapı önünde bağrışmalar, sarılmalar ve sevgi yüklü bir aura oluşmuştu. Eşim arkasına dönüp yaşlı gözlerinde büyük bir memnuniyet ifadesi ile parmağı ile beni işaret ederek:

– İşte bu kadın benim karım, dedi.

Misafirlerim koltuklarına oturmuş, eşim içki servisine başlamıştı. İki dilim Söğüş dil (karabiberli), yanında peynir çeşitlerim ve dilimlenmiş limonlu turp küçük tabaklarda içkinin yanında dağıtmıştım.

Kısık bir tonda bir yemek müziği eşliğinde her kafadan bir ses çıkıyor, tanışma keyifli devam ediyordu. İkinci kadehleri doldururken, o arada kurduğum sofraya misafirlerimi davet ettim. Salata tabaklarına salatayı dağıtıp, salata kâsesini ortadan kaldırdım. Bir daha 'Alır mısınız?' diye tekrarlamadan Rus salatası ve Çerkez tavuğumu servis ettim. Ülkemizde sofra adabı haline gelen ısrarın gerçekte son derece sağlıksız ve sıkıntı yaratan bir alışkanlık olduğunu düşünüyorum. Kızartmadan üstlerindeki buzlanma halinin geçmesi için içli köfteleri yarım saat önce buzluktan çıkarttım. Oldukça çukur, sepetli bir kızartma kabı tercih edersek yağa gömülmesini sağlamış oluruz. Maşa kullanmadan, parçalanmasına izin vermeden kızartabiliriz.

Pazılı böreği ve içli köfteyi birlikte sofraya getirdim. Herkes şimdiden doymuş hatta bir kısmı (erkekler) tabaklarını sehpaya alıp koltuklara geçmişlerdi. Bay Kobalt Mavisi arkadaşımız memnuniyetini anlatabilmek için göbeğini ovuştururken özel cümleler kuruyor, eşimi tebrik ediyordu.

Tabakları değiştirip ortaya ciğer sarma geldiğinde 'yeter ama' nidalarıyla yemeğe pes etmişlerdi. Ama ondan da geriye pek fazla bir şey kalmadı. Bu arada müziği değiştirerek Zeki Müren'in Nostalji kasetini koymuş, misafirlerimin de müziğe iştirakini sağlamıştım.

Bütün bu servis sırasında en dikkat ettiğim konu yüzümdeki gülümsemeyi yorgunluğuma ve heyecanıma yenik düşürmemek, devamlı tazelemekti. Hatta bir ara babetlerimi fırlatıp yatağa uzanmayı düşünmedim değil. Başarıyla buraya kadar getirdikten sonra, neticesinde ki **Bir Yudum Lezzet'i** tatmak için, daha ayakta ve gülümseyerek durmam gerekiyordu.

Servisleri toplayıp beyaz örtümü çamaşır sepetine bıraktıktan sonra misafirlerimi tekrar masaya davet ettim. Bordo örtümün üzerinde bordo çiçekli beyaz porselen tabaklarda vişneli brownie yanında, minik şat kadehlerinde vişnovska ikram ettim. Eşimin brownie'sinin üzerinde aile rengimiz olacak olan mor bir mum vardı. Arkadaşlarının 'iyi ki doğdun' söylemleri eşliğinde mumunu söndürdü ve bana sarılarak arkadaşlarının yanında böyle bir geceyi düzenlediğim için teşekkür etti. Ne ayaklarımın ağrısı, ne uykusuzluğum, ne yorgunluğum kalmıştı. Bana tattırdığı o anki **lezzet** yorgunluğumu unutturmuştu.

Bir saatlik sodalı dinlenme üzerine içtikleri işkembe çorbası günün ası olmuştu. O gece mülkiye camiasında hep konuşuldu, eşim bu konu açıldıkça benimle hep gurur duydu.

Vişnovska; Ruslara has votka ile vişnelerin bekletilmesi sonunda elde edilen aperatif bir içkidir.

Mevsiminde aldığınız vişneleri bol suda bekletip, yıkayın. Tezgâhın üzerine bolca kağıt havlu serip vişneleri bu havludan geçirin. Su zerresi kalırsa içkiyi bozar. Vişnelerinizi alacak hacımda bir kavanoza sapsız olarak vişneleri doldurun. Beyaz tane biberi bir avuç kadar serpin. Üstüne çıkıncaya kadar votka ile doldurun. Ağzını sıkıca kapatıp karanlık bir yerde en az kırk gün bekletin. Daha çabuk olmasını istiyorsanız şeker katabilirsiniz. Daha likör tadında olacaktır, ancak çok uzun dayanmayabilir. Şeker koymaz ve kırk gün ellemezseniz senelerce durabilir. Elinizi içine sokmadan küçük bir kepçe yardımı ile içkisini aldıkça üzerine votka ilave edebilirsiniz.

Alçak tombul kadehlerde servis edilir, kadehe kürdanı ile birlikte bir vişnesini de koyabilirsiniz.

Erenköy'deki eşimin evine taşınmamız ardından Dikilitaş'ta babamın benim için aldığı evi sattık ve hayallerimizdeki müstakil evi Cunda'da bulduk. Kızım nihayet senede üç ayrı okula kayıt yaptırmaktan kurtulmuş yerleşik bir düzende Ferit Yurtsever'in kanatları altında tahsilini başarıyla sürdürüyordu. Oğlum kah yanımızda, kah babasında, kah dedesinin evinde hala deli fişek gibi onun için uygun görülen okulundan mutsuzdu. İstanbul Üniversitesi Turizm İşletme'yi kazanmış, devam etmek istemiyordu. Bir buçuk yıllık Amerika serüveninden sonra askere gitmeye karar verdi. Barış gücüne katıldı. Askerliğini Afganistan'da bitirdi. Bilgisayara olan tutkusu hiçbir zaman tükenmedi. Kendini o konuda devamlı geliştirdi. Ben iş yaşantımda daldan dala en iyi bildiğim işi; pazarlamayı yapıyordum. Eşimin arkadaşının deposunda yıllardır satılmayan medikal sabunları yeni ambalajlarında bir ayda tüketip, İsrail'den devamını ithal ettik. Türkiye'ye burun bandını ilk biz getirdik. Kolonyalı mendillerin piyasaya yeni çıktığı dönemde, sineksavar kokulu mendilleri imal edip pazarladık. Ateş ölçen cıvalı derecelerin ilk kaynağına ulaşıp piyasanın 1/10 fiyatına satınca kapımızda bu işin tekelini eline geçirmiş olan firmadan tehditler yağdı. Son olarak Fransa'dan elektrikli dekoratif radyatör ithal eden bir firmanın ana bayiliğini aldık. Ofisimizi büyütüp, güzel bir showroom olarak donattık. Ancak ithalatçı firmanın verdiği reklam ve promosyon sözleri yerine gelmeyince satış imkansızlaştı ve ben bir kere daha iflas yaşadım. Mal alım, satış, alacak takibi, ön muhasebe, reklam, imalat, iş ve işçi takibi ve bunun gibi her işten sorumlu olduğunuzda hepsini başarıyla takip etmek imkansızlaşıyor. Hele iş yaptığınız kişiler arkadaşınız dostunuz sıfatında ise neticesi çok daha üzücü de olabiliyor. Ben böyle bir deneyimin altından başarısız olarak bu sefer de eşimin yardımları ile az zararla kurtulmuştum. Bu deneyim öz aşuremin içine fazla katılmış sakızıydı. Olmasa sanırım daha lezzetli bir aşurem olacaktı.

Sene 2015, notlarımı toparlayıp artık basıma hazır hale getirdiğim kitabımı yazarken o günün gerçeklerinden ve yaşanmışlıklara ters düşmeme adına değiştirmemeye dikkat ettim. Ancak bu günün bilincinde ve geçen zamanın kattığı bilgi ve tecrübe ile aktardığım sofralarımla ilgili bazı eleştirilerim olacak.

Eşimin yaş günü ile ilgili ziyafetim o gün için çok başarılı ve heyecan yüklü idi. Bugün böyle bir sofra hazırlamam gerekse idi mönümde bazı kalemleri kesinlikle çıkartırdım. Öncelikle sağlıklı yemek yeme adına. Bir diğer ve önemli bir neden de; çok fazla abartıya kaçtığımız an, karşı tarafın size dönüşünü zorlaştırmış oluyorsunuz.

Bu sofra; bir peynir tabağı ile başlayan içki servisi ardından, salata ve bir çeşit soğuk meze ya da zeytinyağlı sebze ile ana yemek ve garnisine geçilebilirdi. Üstüne çay ile browni günün anlamını ifade eder ve herkes lezzeti alarak doyar gayet de mutlu sofradan kalkarlardı.

Nitekim bu yemeğin dönüşü olmamıştı. Dostlukların o gün sağlam temeli atılmış, dış mekânlarda sevgi ile kucaklaşılmış ancak böyle bir ziyafete cevap vermek istememişlerdi.

Her Şerde Bir Hayır Vardır

Eşimin yaş günleri genellikle böyle heyecanlı geçmiştir. Bir diğeri de 2002 yılının Kasım 12'sine aitti. Eşimin altmış, kayınvalidemin sekseninci yaş günleriydi (Kayınvalidemin doğum günü belli olmadığı için, ilk çocuğunun doğduğu günü kendi doğum günü kabul etmiş). Kayınvalidemi tekrar hatırlatmak isterim. Otuz beş yaşında, iki elinde biri karnında üç çocukla dul kalmış, Kavala mübadillerinden, Bursa'ya yerleşmiş güzel bir suret. Çok zor şartlarda çocuklarını okutmuş, evlendirmiş, torunlarına kol kanat germiş, vefakâr bir Türk kadını. Baş üstünde taşınacak, elleri öpülecek örnek bir insan. 1996 yıllarının ilk aylarında tanıştığımızda ve daha önce de açıkladığım gibi tek bastonla gezebiliyordu. Kısa bir dönem içinde çift baston ve arkasından tekerlekli sandalyeye mahkûm oldu. Bizim onu devamlı misafir etmemizi istemiyor, yük olacağını düşünüyordu. Kendi evinde komşuları ile yetiniyordu. İstanbul'a getirdiğimizde en çok hoşuna giden, Erenköy pazarının kurulduğu Perşembe günleri, tekerlekli sandalyesi ile ona pazarı gezdirmemdi. Komşularına ufak tefek hediyeler alır, pazarın düzeninden, temizliğinden çok mutlu olurdu. 2002 yılı özel bir yaş günü idi. Eşim ve kayınvalidemi bir sürpriz hazırlayarak mutlu etmek istemiştim.

Promosyon ve steril sabun pazarlaması ile uğraştığım için Yalova Termal Oteli ile irtibatım vardı. Kayınvalidemin her Bursalı gibi hamam düşkünlüğü ve son dönemlerde ağzından düşürmediği hamam keyifleri bu otelde ana-oğul yaşayacakları bir anıyı yaşatmayı aklıma getirdi. Halkla ilişkiler müdiresine telefon edip kendimi tanıttım. Bana bu konuda yardımcı olmasını rica ettim. Niyetim yaş günlerinde onlara Atatürk'ün hamamında bir nostalji yaşatmak, gecesi de otelde yaş gününü kutlamaktı. Ertesi gün de çocuklar evde hazırlanıp, ikinci bir kutlama için bizi bekleyeceklerdi.

Adıma yerlerimizi ayırttım. Kayınvalidemin hediyesi yeni tekerlekli sandalyesini de önceden otele kargo ile gönderdim. Eşime, annesini evinden alıp İstanbul'a getireceğimizi söyledim. Kayınvalideme de, eşim için bir sürpriz hazırladığımı onu almaya geldiğimizde itiraz etmemesini rica ettim.

Eşimi Bursa dönüşü İstanbul yolundan Yalova'ya yönlendirdim. Otelin kapısında bizi sandalye ile karşıladıklarında kayınvalidemin yeni arabasına kavuşma heyecanı, daha sonra Osmanlı nostaljisi bir hamam sefası, (ana oğul aslanağzında beraber yüzmeleri) akşamüzeri dinlenme, arkasından Kayahan'ın müzik ziyafeti eşliğinde yaş günü yemeği ve kutlamamız. Nihayet mutlu bir şekilde odalarımıza çekilip dinlenmeyi hak etmiştik.

Eşimle tam uyumak üzereydik ki, kapının hızla vurulması ile eşim telaşla açtı. İki polis memuru beni arıyorlardı. O an aranmamın 'bilgim dışı olan' nedeni ise şöyle oluşmuştu. O talihsiz günleri hatırlatacağım:

Sene 1989, ilk eşimden ayrıldıktan sonra, on üç sene iş hayatından uzak olduğum için bir yerde iş bulmam mümkün değildi. Kendi ayaklarımın üzerinde durmam gerekiyordu. Evime aldığım fotokopi makinesi ile birçok büyük firmanın, üniversitelerin, teksirlerin çokça kullanıldığı yerlerde, kırtasiyelerin verdiği fiyatların altında bir fiyata bu işi yaparak ticaret hayatına başlamıştım. Fotokopi kâğıtlarını toptan aldığım Tahtakale piyasasının toptancıları ile anlaşarak çalıştığım firmalardan başlayarak daha birçok büyük firmaların kırtasiye ihtiyaçlarını da veriyordum. Daha sonra Pangaltı'da bir ofis kiralayarak hem toptan kırtasiye, promosyon hem de emlak danışmanlığı yapmaya başlamıştım. Çok düzgün ve verimli giden işlerim tanıştığım bir ailenin işime, hayatıma girmesiyle alt-üst olmuştu. Yanlış insanlar ve hazırlanmış bir tuzağa kapılıp, 1992 yılında büyük bir iflas yaşadım. Yaşadıklarımdan kimseyi sorumlu tutmuyorum. Uyanık davranamamam, olaylara kendimi gözü kapalı bırakmamın neticesi, maddi ve manevi zarar çok ağır olmuştu. Şirketi kapattığımda (daha önce de belirttiğim gibi) babamın yardımları ile aslında bana ait olmayan yüksek meblağlarda borçlar ödemiştim.

Polisler bileklerime geçirdikleri kelepçeler ile dili tutulmuş şaşkın bakışlarım eşliğinde beni karakola götürmüşler, gözaltında tutuyorlardı. Nedenini söylemeksizin, aranan, bulunduğunda tutuklama emri olan, karşı koyarsa ateş emri aldıkları bir suçluymuşum.

Eşim kendi arabası ile takip ederek gelmiş, beni parmaklıklar arkasından amirin odasına çıkarttırmıştı. Tutuklanma nedenim iflas sonrası açılmış olan kamu takip dosyası on sene geçmesine rağmen, borçlarımı ödediğime dair bildirim yapmadığımdan dolayı kapatılmamış olmasıydı. Geldiğimiz otel ise, Türkiye'de bu tip aramalar için bilgilendirilmiş altı pilot otelden biriymiş.

Eşim, evraklarımın, dosyalarımın bulunduğu adliyenin yetkililerini tanıyordu. Gece yarısı telefon edip olanları aktardı. Sabah erken saatte ilgili görevliler benim olayım için geçmiş senelerin evraklarını bulup aklanmamı sağlamışlardı. Dosyalarım Ankara'ya fakslanmıştı. On sekiz saat tutukluluktan sonra otelden kayınvalidemi de alıp İstanbul'a merak içinde bizi bekleyen çocuklarımızın yanına yola çıkmıştık (Semt karakolundaki ve Yalova Adliyesi'ndeki görevlilerin anlayış, yardım ve nezaketine teşekkür borçluyum).

Utanç, şaşkınlık ve isyan içindeydim. Arabanın arka koltuğunda içimi çekerek ağlıyor 'Ben bunları hak etmedim Tanrım bana bunu niye reva gördün,' diye söyleniyordum.

Eşim, arabayı kenara çekerek durdurdu ve bana dönerek, "Canımın içi önümüzdeki şubat ayında şirketimizin bayiler toplantısı için, Orta Amerika'ya bir yolculuğumuz olacak. Hatırlarsan bir ay evvel pasaportlarımızı ve yol ücretlerimizi gönderdik. Düşün, senin bu güzel gönlünle kusursuz bir şekilde bize yaşattığın bu sürpriz için annemden aldığın bu dualara karşılık, bu yaşadıklarımızla, seyahate çıkacağımız gün Yeşilköy Havalimanı'nda otuz iki bayi arasında pasaport geçişinde yaşayacağın elim hadise önlenmiş oldu."

O an, gözümün önünde canlanan; eğer bu gün bu hadiseyi yaşamasaydık, benim aranma olayım düzeltilmemiş olsaydı, tutuklanmamı iş arkadaşlarımızın gözleri önünde yaşayacaktım. Bir an tüylerim diken diken oldu. Allah'ın çok sevgili kulu olduğumu anladım. HER ŞERDE BİR HAYIR VARDIR. Bunu bir kere daha yaşam bana hatırlatıyordu. Artık gözyaşlarım sevinçle akıyor ve Tanrıma yaşadıklarımdan dolayı şükrediyordum. İhmal edilmiş ve atlanmış bir prosedürün bedelini çok hafif ödemiştim. Yaşadığım bu hoş olmayan dersi, evrenin bana verdiği bir ödül olarak kabul etmiştim.

Buruk Bir Nikâh

1996 yılında Cunda'ya gelmemizin nedeni yaptığımız medikal iş dolayısı ile bayimizi ziyaretti. Bordo Ailesi ile sahildeki lokantaların birinde hem yemek yemiş, hem muhabbet etmiştik. Buraları çok sevdiğimiz bir gerçekti lakin Ayvalık'ın neresinde oturabileceğimiz hakkında henüz bir karar verememiştik. Onun için Çamlık mevkiinden bir ev kiralayıp iki sene buraları gözlemlemiştik. Cunda'ya karar verdiğimizde, Bay Bordo'dan bize uygun bir yer düşerse haber vermesini rica ettik. Bay Bordo ve ailesi en güzel edinimlerimizde hep aktif rol oynadılar. Evimizi bulup haber verdiler. Evin tadilatında vekaletimle tüm işleri takip edip, yardımcı oldular. Tekrar anımsamak ve anımsatmak isterim ki, nikâhımız Bay Bordo'nun eşimle hazırladıkları bir sürprizle benim haberim olmadan yürütülerek, Ayvalık Evlendirme Dairesi'nde kılındı. Tek misafirlerimiz ve şahitlerimiz Bordo Ailesiydi.

Tabii benim burukluğum kadar çevremizdekiler de bu olayı o kadar hoş karşılamadılar. Mülkiyeli arkadaşları kutlama isteriz diye tutturdular. 2000 yılının 19 Mayıs günü babamın Güzelce'deki yazlığının bahçesinde otuz beş kişiye sabah brançtan, gece saat ikiye kadar söğüt altında yemek ziyafeti vererek onları ancak ikna edebildik.

Yine tek başıma hazırlandığım ve dillerden düşmeyen bir gündü.

Sabah 10'da kahvaltıya oturduklarında klasik kahvaltı sofrası mönüsü dışında, su böreğim, krep mor, kendi yaptığım güneşte pişirilmiş reçel tepsim vardı.

Okkalı Türk kahveleri yanında bir de fal ziyafeti ile terapi yapıldı. İsteyenler deniz ve havuza dağıldılar. Ben bir gün önce açtığım mantıları çıkartıp, öğlen yemeği için hazırladım.

Bir grup bayan köşede kâğıt oynarken, beylerden ikisi tavlanın başındaydılar.

Dedikodu desen gırla. Ortam pek yaşamadığım, çoğu zaman eleştirdiğim biz kadınların gün muhabbetine dönmüştü ki, bayanlardan akşam yemeği için yardım isteyerek topluluğun havasını değiştirdim. Beyler önümüzdeki kayalardan midye toplamışlardı. Hanım arkadaşlarımı midye dolması yapmak üzere imeceye davet ettim. Çok hoşlarına gitti. Bir kısmı midyelerin kabuklarını kayalara sürerek temizlerken bir diğeri yıkayıp bakır tencereye ağızları yukarı gelecek şekilde diziyordu.

(Midyeler yerleştirildikten sonra kapağı kapatılarak on dakika kadar ateşte tutulur. Kapağı kaldırdığınızda midyelerin ağızlarını açtığını göreceksiniz. Başka bir kaba kenarından kılları kopartılarak suları süzülsün diye ters çevrilir).

Ben diğer tarafta bol soğanlı dolma içimi kavurup soğumaya bıraktım. Daha sonra midyelerin içlerini tatlı kaşığı yardımı ile doldurup iplikle bir kere doladım ve tencereme dik şekilde dizdim. Bol limon dilimleri, üzerine iç tabağını kapatarak kısık ateşte pişirdim.

Akşam yemeğine ilk içki servisinde limonlu havuç, peynir ve ılık midye dolması ile başlamışlardı.

Ziyafet sofralarımın değişmeyen asları, Çerkez tavuğu, muhammara, barbunya pilaki, yaprak sarma vardı. Ara sıcak olarak Arnavut ciğeri, yanında piyazı; ve ana yemek, islim kebabıydı.

Gecenin geç saatlerine kadar fasıl eşliğinde yemekler tükendi, kahveler yenilendi. Saat iki sıralarında teker teker yola koyuldular. O gece istediğim gibi evliliğimi kutlamış, aile olmanın yüceliğini, yaşlar ilerlerse de yaşanacak aşkların güzelliğini görsellemiştik.

Krep Mor:

Önce krep içinde kullanılacak malzemeyi hazırlamamız gerekir. Rendelenmiş taze kaşar veya tuzsuz tulum, kelle peynirleri olabilir. Jülyen doğranmış pastırma, sucuk ve diğer söğüş etler olabilir. Tatlı krep yapmayı düşünüyorsak, marmelat, pekmez, erimiş çikolata dahi kullanabiliriz.

Dört yumurta ve 50 gr. (Bir paket) kremayı çırpıp az yağlanmış teflon tavada üstü kapalı olarak pişiririz. İç malzemesini yarısına döşer. Diğer yarısını üstüne döndürür, sallayarak üstü kapalı olarak peynirlerin erimesini bekler servis ederiz.

Reçeller

Günümüzde her türlü meyve ve sebzenin reçeli denenmiş başarılı olmuştur. Ancak reçel dendiğinde klasik akla gelen; vişne, çilek, portakal, kayısı, ayva reçelleridir. Tüm meyvelerin marmelatları, yapılan her marmelattan da pestili yapılabilir. Çok tatlı ve çok ekşi olmayan meyvelerde reçel yaparken kullanılan şeker ölçüsü bir ölçü meyveye, bir ölçü şekerdir. Meyve tadı ekşidikçe şeker miktarı artar. Naif ve sulu meyvelerin önce şekeri kaynatılır, meyveler sonra içine atılır. Bir kilo şeker için yarım limon (daha sonra şekerlenmesini önlemek için) kaynadığı sırada konur. Bazı reçelleri (vişne, kayısı gibi) fazla kaynatmayıp büyük sinilerde üç dört gün güneşte bekletiriz. Bu şekilde hem meyveler çok pişerek şeklini kaybetmez, hem suyu rengini ve lezzetini kaybetmeden koyulaşır, hem de güneşten 'D' vitaminini bünyesine depolar. Portakal reçeli sadece kabuğu (yafa portakalından yapılır) veya içiyle beraber olarak iki şekilde yapılır. Ayva tane ve rende olarak yapılırken önce kısık ateşte tencerenin kapağı kapalı bir şekilde buharlandırılıp yumuşaması sağlanmalıdır. Şekeri daha sonra konur. Ayvanın rengi itibariyle hoş görünmesi için 'şeker boyası' tabir ettiğimiz renk verici bitkisel boyalar vardır. Bir kürdanın ucunun taşıdığı kadar toz boya bir tencere ayvayı renklendirmeye yeter.

Reçel Mor

Mayıs ayı başları yafa portakalının bulunduğu zamanlardır. İki üç hafta sonra pazarlarda göremezsiniz. Portakalların kabuğunun üzerindeki koyu renkli kısmı ya ince rende, ya da bıçakla kazıyarak alırız. İkiye böler suyunu sıkarız. Çukur bir kap içine portakal kabuklarını koyar, üstüne çıkana kadar su doldururuz. Bu suyu sık sık değiştirerek kabuk kısmındaki acının çıkmasına yardımcı oluruz. İki gün suda bekletildikten sonra bol suda haşlanır. Kaynayan suda yaklaşık on dakika kadar durduktan sonra çıkarılıp soğuması beklenir. Kabuğu ince çubuklar halinde keseriz. Her parçayı kendi etrafında döndürerek halka yapar kürdana geçiririz. Bir kürdana üç parça halkayı geçirdikten sonra çukur tenceremizin içine dizeriz (Lefkoşa'da turunç meyvesinden bu tarzda reçel yapan kaldığımız pansiyon sahibi bayanın yapış tarzında kürdan kullanılmıyordu. İğneye geçirdiği uzun bir ipliğe bu kabuk halkalarını dizip öyle pişiriyordu.). Yaklaşık on adet portakal kabuğu için bir kilo şekeri üzerine döker, kısık ateşte eriyip kaynamasını bekleriz. Bir bardak portakal suyunu da ilave edersek daha da güzel olur. Kaynadıktan sonra bir limon suyu ile şekerini kestiririz. Yaklaşık 15 dakika kadar kaynadığında pişmesi gerekir. Bıçağın ucunu batırarak piştiğini öğrenebiliriz. Kavanoza çıkarırken kürdanları alırız.

Mantı

Akdeniz mutfağında değişik isimlerle yapılıp sevilerek tüketilen tek başına doyurucu olabilen bir yemektir. İtalyanlar Ravyoli olarak isimlendirmişlerdir. Ülkemizde 'Kayseri mantısı' olarak bilinen şeklinde çok küçük parçalar halinde, çok az iç kullanılarak yapılır. Anadolu mantısı her biri birer lokma ölçüsünde soğanlı kıyması bol konularak yapılır. Ayrıca, fırında tavuk eti ile yapılan, hınkal olarak bilinen bir başka şeklide mevcuttur. Tarifini vereceğim mantıyı yapmasını, ilk kayınvalidemden öğrendim. Erzurum'da yapılış şekli ile size aktaracağım.

Mantı içi: Orta yağlı koyun kıymasına çok ince kıyılmış soğan, az sarımsak, az tatlı biber salçası, tuz, bir çimdik şeker, karabiber ilave ederek yoğururuz.

Mantı hamuru: Dört porsiyon için bir yumurta, bir kahve fincanı su, bir çay kaşığı tuz ve aldığı kadar un (Orta kıvamda bir hamur olmalı). Uzun süre yoğurarak oklava gibi yapıp ortada birleştirerek tekrar oklava şekline getirmeliyiz. Bu şekilde tekrarlayarak uzun lifli düzgün bir hamur elde ederiz. Bıçakla kestiğimizde hamurun içi göz göz olmalıdır. Hamuru dört parçaya bölüp, nemli bez altında on dakika kadar bekletiriz. İnce yufka halinde açıp kenarı iki santimlik kareler halinde keseriz. Ortalarına hazırladığımız içten alacağı kadar koyar, karşılıklı uçlarını birleştirerek bohça halinde tepsiye dizeriz. Fırınlayıp buzluğa kaldırmak üzere poşetleyebilir, pişirmek istiyorsak servisten 15 dakika önce kaynayan tuzlu suda pişirip, süzgeçle büyük servis tabağına çıkarılıp üzerine kızgın tereyağı dökeriz. Sarımsaklı domates salçası, yoğurdu, nane, sumak, kırmızıbiber gibi baharatları tabaklara servis edildikten sonra tercihen konulur.

Arnavut ciğeri

Türk mutfağının sevilerek yenen ara sıcağıdır. Kalanı soğuk olarak da tüketilir. Dana veya kuzudan yapılır. Ben ciğerin doğranma işlemini kendim yapmayı tercih ederim. Çünkü doğranmış ciğer yarım saat içinde kanını bırakır, kızardığında kuru olur. Doğradıktan sonra yarım saat içinde kızartırsanız daha iyi netice alırsınız. Kesinlikle çiğken tuz konmaz. Lastik gibi olur. Hatta ununa dahi lezzetli olur düşüncesi ile tuz koymayın. Ciğerin üzerinden zarını parmağınızın yardımı ile çıkarın. Minik küpler halinde doğrayın. Temiz bir poşetin içine bir bardak kadar un koyun. Ciğerleri içine atın. Torbayı ileri geri sallayarak ciğer tanelerinin iyice unlanmasını sağlayın. Daha büyük bir torbanın içine süzgecinizi oturtup ciğerlerin bulunduğu torbayı süzgece boşaltıp, içinde bulunduğu torbaya silkeleyin. Bu şekilde etraf unlanmamış, eliniz değmeden ciğerlerin üzerinde un ince bir tabaka halinde kalmış olacaktır. Derin, sepetli tavanızda bol ve kızgın yağda kapağını kapatın. On dakika pişmesi için yeterli olacaktır. Halka doğranıp tuz ve sumak ile ovulmuş soğanı servis tabağına yayar, ciğerleri üzerine çıkarırız. Tuz ve isteğe göre kırmızı pul biberini serpip soframıza getirebiliriz.

Fasulye Piyazı

Beyaz fasulyeyi en az 4 saat ıslattıktan sonra tavuk veya et suyunda düdüklüde düdüğü öttükten sonra on dakika kadar pişiririz. Önceden hazırladığımız (mandalinalı zeytinyağı, limon, tuz, şeker) sosunu, fasulyeleri süzdükten sonra üzerine dökeriz. Yemek öncesinde halka doğranmış soğan ve ince kıyılmış maydanoz ile üzerini süsleyerek servis ederiz.

İslim kebabı

Osmanlı saray mutfağının vazgeçilmez ana yemeklerindendi. Yanında beyaz pilav ve cacıkla beraber servis edilirdi. İslim kebabı için uzun kemer patlıcanı ve kuzu koldan kesilmiş iri parça et gereklidir. Eti düdüklüde parça soğan ile pişirip hazırlarız. Patlıcanlar ince şeritler halinde kabukları soyulup, uzunlamasına doğranıp tuzlanır. Kızgın yağda çok yakmadan kızartılır. Kağıt havluda yağı emdirildikten sonra iki patlıcan ortalarından artı şeklinde birbirinin üzerine konur. Etten aldığımız üç parçayı ortasına ilave edip patlıcanın karşılıklı uçlarını birbirinin üzerine koyar, birleştiği yere bir parça yeşilbiber, onun üzerine küçük domates parçası koyup kürdanla sabitleriz. Her bir kebabı fırına dayanıklı servis tabağına dizer, etin kalan suyunu yemeğe katarız. Servis etmeden on beş dakika önce fırında 160 derecede yemeğe hazır hale gelir. Hazırladığınız kebabın en üstüne kare kesilmiş taze kaşar peyniri de koyabilirsiniz (orijinalinde yoktur.).

❃❃❃

İflastan sonra eşimle artık daha dingin huzurlu bir yaşantı içinde olmanın planlarını yapar olduk. Onun en büyük hayali çok emek vererek, iyi bir duruma getirdiği iş yerini tek çocuğu oğluna devredip gerçek emekliliğini ilan etmekti. Bizim için emeklilik eve kapanıp inzivaya çekilmek değildi. İkimiz de bu yapıda değildik. Cunda'yı çok sevmiştik. Orada kış yaz yaşamak, riski az bir işle uğraşmaktı amacımız. Eşimin antikaya düşkünlüğü ve yaptığı küçük çapta koleksiyonları ilerisi için bir sermayeydi adeta.

Batur; eşimin tek servetiydi. Onun kendisi ile ilgili planlarına oğlunun ilgi duymayışına çok üzülüyor, gün geçtikçe umudunu yıtırıyordu. Her şerde bir hayır vardır derler. Ferit'in iki ay arayla geçirdiği açık kalp ameliyatları ister istemez Batur'u peykine çekti. Batur babasının işi ile ilgili hiçbir bilgiye sahip değilken, müzik odaklı bir gelecekten başka bir şey düşünmezken kendini babasının iş yerinde yönetim kurulu başkanlığında, iş sevk ve idaresinde buldu.

Batur; Ferit'in oğlu olarak aşure yaşamımın içine balıklama girdi. Benim yaşantımla pişmesine gerek olmayan ancak kâselere döküldükten sonra konulacak diğer süs malzemelerini üzerinde taşıyacak bir görevi vardı. O; öz aşuremin hindistanceviziydi. Sert kabuğuna baktığınızda içinden nasıl bir meyvenin çıkacağını tahayyül edemezsiniz. Kabuğu kadar sert meyvesi ile olsun, meyvesinin içinde saklı suyu ile olsun bir doğa mucizesidir. Sır içinde sır yüklü bir delikanlıdır özdeşleştirdiğim hindistancevizi gibi.

Aşure yaşamın kalaylı bakır tenceresi Ferit Yurtsever; benim yaşamımı sarıp sarmaladığı gibi nice boşlukta uçuşan yapraklara kök saldırdı. Kurduğu medikal cihazların bayiliği ile ilgili şirket tahsilini tamamlayamamış kaç elemanın okulu oldu. Ellerine altın bilezik oldu. Ferit Yurtsever onlara kaynak, patron, baba oldu. Hepsi bir bütün adeta bir aile oldu. Bu aileyi oğluna gözü kapalı teslim etti. O da babasının yüzünü kara çıkarmadı başarı ile işini devam ettirdi. Bu aileyi 2016 yılına taşıdı. Bu aile benim yaşamımda da her zaman hizmetleri ile ilgileri ile yer aldılar. Onlar benim öz aşuremin çörekotuydular. Hz. Muhammed bir hadisinde özellikle çörek otuna yer vermiş. 'Ölümün dışında her derde devadır,' demiştir. Son yıllarda devamlı çörek otuyla ile ilgili basında da haberler çıkmaktadır. Günde en az bir çorba kaşığı çörek otunun yenmesi gerektiği, bağışıklık sistemin, kuvvetlendirip vücuttaki iltihapları yok ettiği savunuluyor. Aynen eşimin oluşturduğu şirket ailesi gibi. Başım her sıkıştıkça koşup derman olur, bir şekilde hallederler.

Avustralya

Aşkın zaman zaman tazelendiğini, geçmiş zaman diliminden daha da güçlü hissedildiğini birçok kereler yaşadım.

Sene 2000. Eşimin bayiliğini yaptığı Rosh Deagnostik grubunun, her sene şubat aylarında otuz beş bayisinin eşleri ile katıldıkları toplantıları olurdu. Özellikli ülkelerde on beş günlük kaliteli hazırlanmış gezilerdi. O sene gezi Avustralya'ya olacaktı. Ekvatorun güneyine Hong-Kong aktarmalı on beş saatlik bir yolculuk yapacaktık. Kış mevsiminde uçağa binecek, ilkbaharda inecektik. Bu coğrafik farklılıktan mı, yoksa tüm sorumluluklardan on beş gün uzaklaşmanın verdiği rahatlıktan mı bilmiyorum, eşimle birbirimize Sidney'de bir kere daha aşık olduk. Libidomuz üst seviyede, sanki yirmi, yirmi beş yaşlarındaki gençler gibiydik. Bu kıtanın müthiş güzel coğrafyası, insan gibi yaşamanın en güzel örneği, sakin, güzel insanları, hayvanları, çiçekleri seyretmeye doyamayacağınız manzaraları, kanalları... Unutamadığım, bu kadar uzak olmasına rağmen 'hadi' dediklerinde düşünmeden yola çıkacağım bir ülke.

Tek bir kıta, tek bir devlet, tek bir halk, tek bir dil. Yüzey şekilleri kuzeydeki balta girmemiş ormanlarından, ortadaki savan ve çöller bölgesine, oradan da güney ve doğudaki verimli kıyılara uzanıyor. Sidney, Melbourne, Brisbane, Perth modern yerleşim merkezlerinden önemlileri. Başşehri Canberra. Koca kıtada İstanbul'un nüfusu kadar insan yaşamakta. Yerli halkı olan Aborjinler bu sayının %1'ini kapsıyor. Şehir hayatına alkol bağımlısı olarak kıyısından köşesinden karışmış olan yerliler, yasalara göre (ancak kağıt üzerinde) eşit haklara sahip, Avustralya tam anlamı ile yabancı cenneti. Birkaç yüz tür okaliptüs ağacı, envai çeşit bitki örtüsü ile karşılaşıyorsunuz. 1770 yılında James Cook burayı İngiltere adına fethettikten sonra yerleşen insanlar bu doğa ile özdeşleşmişler; sakin yapılı, doğasına saygılı, güzel bir ırk oluşturmuşlar. Beş gün süre ile beş milyon nüfuslu Sidney şehrinde kaldık. Okyanusa açılan yüzlerce kanal, kanal boyunca halkının ikamet ettiği müstakil villaları, kanalda gezer durumdaki kilisesini, şehrin ortasında devasa birbirine geçişli iş merkezlerini, mimarisi dünyaca ünlü tiyatrosunu görüp, unutmak mümkün değil. Yağmur ormanları, bitimini gözünüzün algılaması mümkün olmayan yaygınlıkta. Çıkardığı buharla mavi bir görüntü almış olan okaliptüs ormanlarında buranın kendine özgün hayvanlarından Quana, kanguru ile piknik yaptık. Sidney'den sonra Gold Cost. Burası turistik bir yerleşim yeri. Bağcılık ve şarapçılıkla ünlü. Şarap ve peynir tatmaya özel çiftliklere gittik. Bir gün de gruptan ayrılarak yerli halkın arasında, Gold Cost'un arka sokaklarını gezmeyi tercih ettik. Türk olarak büyük ilgi görüyorduk. Nedenini eşim anlattı. Birinci Dünya Savaşı sırasında İngilizlerin müttefiki olarak topraklarımızda bize ateş açmış Anzakların (Avustralya ve Yeni Zelanda halkı), şehitlerine, Atatürk; 'Onlar da bu toprak için kanlarını döktüler, en az bizim kadar burada gömülmeye hakları var,' deyip, Çanakkale'de Özel Anıtlı mezarlarını yaptırmıştır. Türkiye'nin bu jesti Avustralyalıları çok mütehassıs etmiştir. Bize karşı son derece misafirperver, ilgiliydiler. Anzak torunları Çanakkale'de defnedilmiş atalarını her yıl ziyarete geliyorlar ve dükkânımıza uğruyorlar. Adamızda yiyip içiyorlar ve en az bizim orada mutlu olduğumuz kadar keyif alıyorlar. Bunun üzerine biraz düşündüğümde ortak paydada birçok kültür ve alışkanlıklarımızın olduğunu tespit ettim. İklim şartları, mevsimsel geçişleri, özellikle mutfak ve beslenme kültürleri bize çok benziyor. Ege mutfağımızın tarzında zeytinyağlı sebze ve ot kullanımı, deniz ürünlerini pişirme tarzları, kullandıkları baharatlar Ege halkının beslenme tarzı ile birebir örtüşüyor.

Biraz da oraya özgü tatlardan bahsetmek istiyorum. Barbekü kültürü ailelerin vazgeçilmez hafta sonu eğlenceleri. Güneşte kurutulmuş domates ve biberleri sarımsak, çeşitli ot ve baharat ve de zeytinyağı ile marine edilip tüm et, balık ve makarnalarında sos olarak kullanıyorlar. Barbunya, istiridye ve karides sofralarının vazgeçilmezlerinden. Avustralya dünyanın en iyi makarna ve zencefil üreticilerinden. Mango ve avokado, en çok tükettikleri meyveler. Bu meyveleri, et ve balık servisinde de garnitür olarak kullanıyorlar. Şarap kıtası olarak bilinen Avustralya üretime tatlı likör şarapları ile başlamış. Şimdilerde Riesling, shiraz. cabernet souvignon ve cordonnay şarapları dünyaca ünlü. Çok severek yediğim bıldırcını orada biraz farklı pişiriyorlar.

Bıldırcın

(Ben kaymağı alınmış tereyağı, tuz ve kırmızı toz biberle

marine edip çok az suda iç tabak kapağı da kapatarak pişirir iç pilavın yanına dizerim.) Sidney'de büyük bir servis tabağında alta rokalar dizilmiş, üstünde pişmiş bıldırcınlar aralarında güneşte kurutulmuş domates var. Bize, üzerine sarımsaklı sos dökülmüş, çok ince yaprak halinde parmesan dilimleri serpilmiş şekilde servis edildi. Aşçıdan aldığım tarif şöyle; zeytinyağı, dağ kekiği, biberiye, tuz, karabiber ile bıldırcınlar marine edilip bir gece bekletiliyor. Zeytinyağında kızartılıp rokaların üzerine diziliyor. Üzerine dökülen sos zeytinyağı, limon suyu, balsamik sirke ve sarımsaktan oluşuyor.

Buraların bir özel lezzeti de 'Pavlova' diye adlandırdıkları kremalı meyve tatlısı.

Pavlova

5 yumurta akını köpürterek çırparız. Yavaşça 225 gr. (bir büyük su bardağı) toz şekeri çırpılma esnasında katarız. Yaklaşık 25 dakika sonra katı bir köpük haline gelecektir.2 tatlı kaşığı üzüm sirkesi, 3 tatlı kaşığı nişasta, 1 paket vanilya katarak malzemeyi kek kalıbına ortadan dökeriz. Yaymadan ortası tepe halinde 150 derecelik fırında 40 dakika pişiririz. Fırın soğuyana kadar çıkartmayız. Çıkardığımızda ortası çökecektir. Bu çukura doğradığımız meyveleri (muz, çilek, şeftali gibi) yerleştirir üzerine krem şanti dökeriz.

Bir diğer farklı lezzet

Anzak Bisküvisi

1 su bardağı yulaf ezmesi, 1 su bardağı hindistancevizi, 1 su bardağı un ve ½ su bardağı pudra şekerini iyice karıştırırız. Diğer tarafta 125 gr tereyağı ile bir yemek kaşığı balı ocakta eritir, 2 kaşık kaynamış su ve 1 paket kabartma

tozu (1 tatlı kaşığı karbonat) ile karıştırıp ilk malzememize ilave ederiz. Fırın tepsisine yağlı kağıdı serdikten sonra bu malzemeyi kaşıkla dökeriz. 170 derece fırında kızarana kadar pişer.

Bu geziden bir sene kadar önce okumuş olduğum 'Bir Çift Yürek' ve 'Sonsuzluğun Mesajı'nda Dr. Morgan Aborjinler'le geçirmiş olduğu yaşantısını detayları ile dile getirmiş, evrenin yaradılış programı ile güzel mesajlar vermişti. Bu bilgi ile bu geziyi yapmış olmam da benim için bir şanstı.

Herkesin yaşantısında sıçramalar yaptığı bir dönüm noktası, bir zaman dilimi vardır. Bizim için de 2003 yılı bu sıçramalardan, arınmalardan biriydi.

Eşimin ameliyatlarını çok özenmiş olmalıyım ki; bu dönemde bel fıtığı ve rahim ameliyatlarını da bir ay arayla ben geçirdim. O yıl sanki bedenimizin temizlenme, bilincimizin detokslandığı bir yıldı. İçimizdeki çöpleri ameliyat masalarında bırakmıştık.

2003 yılı sonunda kendi sahip olduğum malzemeleri en iyi şekilde değerlendirerek kendi tarifimi yarattığım bir aşure ortaya çıkmıştı. Öz aşuremin görüntüsünden, içeriğinden son derece memnundum. Ev mutfağımda olduğu gibi yaşam mutfağımda da lezzet arayışım hiç bitmedi. Sancılı bir 2003 yılının sonunda geleceğe daha farklı bakarak Cunda'ya yerleşme kararı ile aktif bir emeklilik yaşamaya karar vermiştik.

Yaşarken Sevdiğinizin Gözünün İçine Bakarak Sevdiğinizi Haykırın

2 Ağustos 2013, dışarıda çok sıcak olmasına rağmen poyrazın esintisi ile muhteşem bir hava var. Cunda'da dükkânımın önündeki balkonda kucağımda laptopum, son derece keyifliyim. Küçük yaşlarımdan beri yazları her gelişte hayranlığımın arttığı bu ada hayalimdeki çiftlik ve içindeki hayal, huzur hanesi için çok uygun bir

yerdi. Henüz hayalimdeki çiftliğe kavuşamasam da burada yaşamak hele bir de iş sahibi olmak müthiş bir zevk ve şans. Eşimle gelecek hakkındaki konuşmalarımızda hayallerimizin, zevklerimizin bizi nam-ı diğer Ali Bey Adası'nda birleştirdiğini fark ettik. Huzurlu, sağlıklı bir iklime sahip, trafik gürültüsünden uzak, deniz ve yeşillikle iç içe, mistik değerlerini yitirmemiş, üç büyük şehre (İzmir, Balıkesir, Çanakkale) ikişer saatlik mesafede şirin bir tatil beldesi. Cunda; Midilli ve Girit kökenli batı kültürü almış, Anadolu yaşantısını benimsemiş, kirlenmemiş zihniyetleriyle kendi halinde halk mozaiğine sahip, bir antik ada. Buraya yerleşmiş yabancıların çoğu İstanbullu. Zeytincilik ve balıkçılık halkın geçim kaynağı. Son yıllarda yerli turizme hizmet verme adına yeni birçok tesisler yapıldı, yabancı turizme hala duyarsızlar. 1997 yılında Ayvalık'a geldiğimizde yerleşme noktası için acele etmemiş, Daha önce de bahsettiğim gibi, Çamlık'ta iki sene kadar kiralık bir ev tutmuştuk. İleriye dönük düşünüp yerleşmeyi planladığımız için bu süreçte yaşayacağımız, hatta iş yaparsak olması gereken yerin Ayvalık'ın içi olmadığına da karar vermiştik. Allah bize, düşlediğimizin ötesinde, Cunda'da, güney sahilinde, denize yakın, bahçeli bir ev nasip etti. Elimizdeki koleksiyon ve antikaya, özellikle yaşanmış eşyanın enerjisine olan ilgimiz bu hobimizi paylaşma adına bize dükkân açtırttı. Müşteri kitlemizin kalitesi, farklılık yaratma içgüdümüz bizi on bir yılda Türkiye'nin özel antikacıları arasına soktu. Her gün yeni bir öğretinin içinde, yeni dostlar ediniyor, hatta özlediğimiz dostlarımıza kavuşuyoruz.

Evimizi onarıp dört yıl yazları geldikten sonra, dükkânımız için olabilecek en uygun mekânı seçmiş, dükkânın tadilatına girişmiştik. Şubat 2003, eşyalarımızı yerleştiriyor, çevremizde yaptığımız işin geçerliliğini sorgulayanları bilgilendirmeye çalışıyorduk.

Kayınbiraderim iri cüssesi ile merdivenin tepesinde avizeleri takmaya çalışırken, kapıdan içeri delik deşik hasır şapkası ile bir gönül dostu girdi. Adanın Erol Abisi, Erol Keskin. Zeus'un yüz hatları, düzgün İstanbul Türkçesi ile konuşması... Dikkatimi ilk çeken bunlardı. Konuştukça, ortak birçok dostlarımızın, benzer yaşanmışlıklarımızın olduğunu öğrendik. Zaman zengini, gönül zengini, fikir zengini, dost zengini bir insandı.

Ne yazık ki ailesi, ancak hastalığının son günlerinde onun farkına vardılar. Boyunu geçkin ikiz kızları ve oğlu, âşık olduğu, üstüne gül koklamadığı eski eşi. Hayır! Onun ailesi artık Cunda'ydı. Öksüren her çocuğun peşinden elinde şuruplarla koştuğu, elleri ile pişirdiği böğürtlen reçellerini kapı kapı dağıttığı, gece yarısı tutukluları, sarhoşları kolladığı yer burasıydı. Her başı sıkışan onu arardı. Herkesin sırdaşı, akıldaşı, can dostu Erol Abisi. 2004 yılının kurban bayramında onu kaybettik. Altı ay süren tedavisi sonucu kendi isteği ile hepimize veda etti. Hayatımıza kaderimizin vazgeçilmez bir parçası olarak girdi, ortak hobimizle mesleğimizle ilgilendi, ailemizin yaşantısında yer aldı, sırlarını, dostlarını paylaştı, en yüksek cirolu müşterimiz Bay-Bayan Kırmızı ailesini bize dost olarak kazandırdı ve gitti. Onunla Hakkı Martı'yı, Işık Menderes'i, Prof. Barlas'ı, Cunda'nın yerli ailelerini, esnafını tanıdık. İkinci dükkânımızın sahibi sevgili Turkuaz Ailesi'yle yıllardır süren dostluğumuzun temelinde Erol Ağabey vardı. Erol Ağabey de Turkuaz'ların kiracısıydı.

2007 yılının yaz başında Kaymakamın, Müsteşarın, Belediye Reisinin açılış konuşmaları ile onun adına meydana döşenen güneş saatinin ortasında bir başka gönül dostu Melike Demirağ vardı. 'Seninle Arkadaş' şarkısını farklı bir versiyonda, müziksiz Erol Ağabey için söyledi. Ağladım, duygulandım. Seni çok özledim Erol Ağabeyciğim. Huzur içinde yat. Resimlerin, anneler gününde, yaş günümde verdiğin hediyelerin duruyor. İçimizde sevgin ve anıların devamlı yaşayacak.

Aman Tanrım! diyorum, ben de mi aynı yanlışa düştüm? İnsanlar kaybettikten sonra mı anılmalılar? Yanımızdayken gözlerinin içine bakıp 'Seni seviyorum arkadaş,' demek bu kadar zor mu? Niye yüksek sesle eleştiririz, bağırarak hesap sorarız da, bağırarak sevgimizi paylaşamayız? O ne güzeldir bilir misiniz? Tavsiye ediyorum sevginizi dile getirmekten, tekrarlamaktan kaçınmayın. İtiraf ederken, bu sevgiden dolayı gurur duyduğunuzu da ekleyin.

Cunda

Her yerin kendine has bir mutfak alışkanlığı, bir lezzeti vardır. Cunda dendi mi, peynirleri, koyun yoğurdu, zeytinyağı, papalina, sardalya, çiçek dolması, ot salataları, lor tatlısı, Girit türlüsü, balık böreği, balık çorbası, beğendili ahtapotu gelir aklımıza.

Sardalya Edremit körfezinin özgün bir balığı, papalina onun yakın akrabası. Papalina bol yağda at-çıkar sistemi ile kızartılır. Sardalyanın kızartması, kuşu, turşusu, asma yaprağında ızgarası oluyor.

Körfezin diğer lezzetli balıkları; levrek, minekop, kırlangıç, lipsos (adabeyi), eşkina, orfoz, dülger, ve fener balığı, ille de ahtapot ve kalamar.

Bu balıklar beyaz etli, buğulamaya veya soteye uygun, sağlıklı yaşam için 'omega 3' ve 'omega 6' içeren gıdalardır.

Adanın sahil boyunca tüm bu balık ve mezeleri yiyebileceğiniz çok sayıda lokantası mevcuttur. Arka sokaklarda da barları, butikleri ve hediyelik eşya alabileceğiniz küçük bir yığın dükkân vardır. Tepede restorasyonu henüz bitmemiş olan (2014 yılında bitirildi) Taksiyaris Kilisesi, hemen arkasında Rahmi Koç'un restore ettirdiği kitap müzesi gezilecek yerlerdir. Kitap müzesi eski bir şapel ve yanı başında değirmeni ile kafe tarzında hizmet veren Muhtar Kent'in kitaplarını sergileyen şık bir yer. Tüm Cunda'yı ve çevresindeki irili ufaklı adaları buradan rahatlıkla izleyebilirsiniz.

Bizim dükkânımız da adanın güneyine bakan, çarşının bittiği noktada futbol sahasının bitişiğinde. 100 m^2 bölümsüz bir taş bina. Eski dokuya sahip kalınarak yeni yapılmış.

Biraz evvel içeriye bir müşteri girdi. Alışılagelmiş sözlerin dışında net bir soru yönelterek konuşmaya başladı.

"Bir malın antika olması için yüz yıl mı geçmesi gerekiyor?"

"Hayır. Öyle bir şart yok. Antika; yapıldığı dönemin izlerini üzerinde taşıyan, malzemeleri veya ustaları tükenmiş ya da zamanında belli bir kesim için veya sınırlı miktarda yapılmış ya da üretimi durdurulmuş ve kullanılmış eşyalardır," diye yanıtladım.

"En eski malınız hangisi, hikâyesi nedir?" gibi arkası kesilmeyen sorular, bildiğim veya üretebildiğim kadar cevaplar... Müşterim gittikten sonra derin bir nefes aldım. Bu tarz sınavlara alışmıştım. Genelde cevabını bilmeden, cevap yakıştırarak sorarlardı. "Bu Fransız mı?" gibi. Bunlara sabırla cevap vermeye çalışıyoruz ancak, omzunda bebeği, elinde köpeği, tek elinde dondurması öbür eli ile porselenlerin altındaki damgayı okumaya çalışan müşterilerimize karşı ne yapabileceğimi bilemiyorum. Antika kültürü, alışveriş kültürü Türk halkında ne zaman istenilen düzeye çıkacak, onu da bilmiyorum. Bu konularla ilgili görsel bir şeyleri medyaya taşıyarak, insanlarımızın bilinçaltlarına aktarmamız gerektiğini düşünüyorum.

Eylül 2005 güzel bir sonbahar başı. Cunda'da her mevsim ayrı bir güzel. Kapımdan boynunda fotoğraf makinesiyle güzel bir bayan girdi. "İzninizle fotoğraf çekebilir miyim?" diye sordu.

"Tabii, neden olmasın."

Daha sonra belediye adına bir çalışma için bu fotoğrafları çektiğini öğrendim. Ayvalık'ın tanıtımı ile ilgili bir broşür çalışmasıymış. Tarihçesi, eski Cunda ve hikâyelerinin yanı sıra özellikle, yeni hali ile Cunda'yı dünyaya tanıtma adına bir çalışma için gelmiş dükkânıma. Güzel bir sohbet oldu. Her şeyden önce misyon edindiğim bir konuda yardım etme fırsatı elime geçmişti. Benden Cunda'yı ifade etmemi istedi.

"Cunda'yı ifade edebilmek için kelimeler yetmez ki! Yaşamak, solumak lazım.

Cunda; bir antikadır. Yaşadığı yılların özelliklerini yitirmemiş, ustaları ve materyalleri bulunamayan, yaşandıkça değeri artan Doğa Antiktir.

Cunda; bir sentezdir. Farklı kültürlerin mübadelesinde şekillenmiş, ayrıcalıklı, toprak zengini halk yapısına sahiptir.

Cunda; dünyanın en sağlıklı ikinci klima merkezidir (birincisi Fransa'da bir dağ kasabasıdır). Özellikle, ciğer ve astım sorunu olanlar için doğal tedavi yeridir.

Cunda; ne yozlaşmasına, ne dejenere edilmesine izin verilmeyecek bir dayanışma içinde, yerli halkıyla çoğunluğu İstanbullu olan dışarlıklı mülk sahipleriyle tek vücut olmuştur.

Cunda; orta yaş ve üstü insanların tüm sıkıntı ve problemlerini soyunarak geldikleri dinlenme, keyif alma, nekahet yeridir.

Cunda; birbirine geçmiş ufak tefek adaları ile Tanrının tığından düşmüş bir oya, güneş doğarken çarşaf gibi serilmiş sularında balıkçıların yazdığı bir şiir, gün batımında Rum ve Anadolu ezgilerinin mırıltısında bir yudum şarap, içimize sızan kaz dağlarının esintisi ile bezenmiş yağ...

Cunda; yaşamları ile tarih, efsane, masal...

Cunda; Cennete layık kullarına Allah'ın bir hediyesi...

Ne mutlu bana Cunda'dayım. Bilmem ifadem yeterli oldu mu?"

Cunda'yı bu şekilde anlatmaya çalıştım. Burada olmaktan dolayı yaşadığım huzuru gözlerimden okumuş olmalı, beni ilgi ile dinlemeye devam etti. Burada yaşamın ne kadar rahat, her ihtiyaca ulaşılabilir, ekonomik ve düzeyli olduğunu örneklerle anlattım. Plajların yanı sıra motor gezilerinin temiz, nezih ve eğlendirici olduğundan söz ettim. Özellikle Eylül ayında gün batımını Cunda sahillerinden veya Şeytan Tepesi'nden izlemesini tavsiye ettim.

Cunda'yı sadece ifade ederek değil doya doya yaşayanlardanım. Kış, yaz, lodosunda, poyrazında dükkânımızın kapısını üç ay kimsenin açmadığı krizli dönemlerde, temmuz ayının sırt sırta gezildiği kalabalığında biz hep buradayız. Annem kollarımda burada can verdi. Kızımın nişanını, oğlumun düğününü burada yaptık. Kayınvalidemi toprağa burada verdik. Ve bir gün hak vaki olduğunda, buraya gömülmek vasiyetim. Ben Cundalı olmayı tercih etmiş bir dünyalıyım.

Benden buranın yemek kültürü ve özellikli yemekleri ile ilgili tarifler istedi. Burada yemekten bıkmadığımız sardalya balığından ve Girit türlüsünden bahsettim.

Sardalya

Hamsi görüntüsünde besin değeri yüksek bir balıktır. Kızartmasını yaparken çok kurutmamak gerekir. Ben onun için güzel bir yöntem geliştirdim. Balıkları temizledikten sonra teker teker suyun altında karın içindeki kanları gidene kadar yıkayıp süzgece alırım. Süzgeçte tuzlayıp, karıştırırım. Bir torbanın içine bir kaşık mısır unu, bir kaşık un koyar balıkları içine atarım. Torbayı ileri geri sallayarak balıkların iyice unlanmasını sağlarım. Unu silkelenmiş 3 balığı bir kürdanla karınlarından birleştiririm. Kızgın yağa atıp, kızartırım. Bu şekilde balıklar yağda dik bir şekilde kızarırlar ve kurumazlar. Yapımı çok pratik, servisi kolaydır. Izgarası için temizlenip yıkanmış ve tuzlanmış sardalyaları tek tek asma yaprağına sarar (kılçığı çıkarılıp ikisi birbirine yapışmış olarak ta sarılabilir. Yemesi kolay olur), közlenmiş ızgaraya dizilir.

Girit Türlüsü

Adını veren içinde kullandığımız küçük kabaklardır. Bu kabaklar üstleri kazınmadan sadece uçları kesilip bütün olarak kullanılır. Dörde bölünmüş enginar (veya kereviz), bir baş sarımsak ayıklanıp yarıya bölünmüş, on adet arpacık soğan, verev kesilmiş havuç, bir avuç bezelye tanesi sızma zeytinyağında (Sarımsak aromalı olursa netice mükemmel olacaktır) kısık ateşte çevrilir. Bir bardak portakal suyu (zeytinyağını mandalina aromalı kullanırsak portakala gerek kalmaz), birer çay kaşığı şeker ve tuz ilave edilerek yine kısık ateşte tencerenin içine iç tabak kapatılarak pişirilir. 15 dakika yeterli olur. Tabak içinden alınıp dereotu serpilerek kapağı kapatılır, demlenmeye bırakılır.

Küba ve Meksika

İnsanlarının eşitlik, yokluk, zenginlik peşinde koşmadığı, üç nota içinde oluşan Latin ritminde dans ederek yürüdükleri bir ülkedeydim. Küba. Sene 2001 bayiler toplantısının ikincisi. Avustralya gezisinde beraber olduğumuz otuz beş bayi ile tekrar beraberiz. Yeşilköy Hava Limanı'ndan hareketle Paris aktarmalı istikamet Küba, daha sonra Meksika ve Miami, Orlando. Yine on beş gün sürecek bir gezide yabancı kültürleri izleyecek, komünizmin izlerinin yaşandığı son ülkelerden birini ziyaret edecektik.

Akşam saati alanda otantik kıyafetleri içindeki Havanalı kızlar tarafından karşılandık. Beş yıldızlı lüks bir otelde hazırlanıp, tanışma kokteyli için komünizmden önce faal olan muhteşem bir tarihi binaya götürüldük. O gün bizim için özel açılmıştı. Organizasyon harikaydı. Gözlerinin içi gülen yerli halk yoktu burada. Sanki zaman tüneli ile 1950'li yıllarda Batista'nın Sarayı'nda bir resepsiyondaydık. Ertesi günü Küba sokaklarında dolaşırken akşam yaşadığımız saltanatın bir rüya olduğunu düşünüyordum. Binalar yarım asırdır el değmemiş şekli ile gece gündüz kapıları açık. Evlerin önlerinde cılız çocuklar taşları oyuncak yapmışlar. 1950'li yıllara ait Ford, Chevrolet, Consul, Cadillac, Desoto gibi rengârenk ahı gitmiş vahı kalmış otolar son nefesleriyle caddelerde dolaşmaya çalışıyor. Her köşede elinde fırçası resim yapan, gitar çalan, dans eden kaygısız gençler.

İki gece üç gündüz Küba için yetti. Otelimizin balkonuna çıktığımızda bir tarafta Che'nin, diğer tarafta Fidel Castro'nun heykelleri, arada uzanan yolun iki tarafı yüksek duvarlı eski bir bina.

Duvarlarında halkın yaşantısını konu eden resimler renkli tutkallı kumla serpme yapılmış. Her taraf sanat kokuyor. Havana'dan çıkıp devam ediyoruz, ip gibi uzanan yolun kenarları boyunca puro imalathaneleri var. Ve Küba bitti. Kapitalizm ve komünizm, 'para' baz alınarak üzerine karşıt uçlarda konumlandırılmış iki farklı yaşam biçimi benim için. Günümüz dünya insanının bu ekonomik koşullandırmalar ve sınırları çizilmiş felsefelerin tuzağına düşmeyecek kadar bilinçlendiğini düşünüyorum. Dünya insanı bir kıyam, uyanış programı içinde her gün gözünü, yeni bir bilgiye açmakta. Artık bir avuç insanın güdümüne, ülkeler piyon olmayacak. Bu sözleri yazarken ta içten inancımla, öngörümle dilimin ucundakileri aktarıyorum. İnşallah yanılmıyorumdur. Tabii bu görüm herhangi bir istatistiksel araştırmaya dayanmıyor. Kaynağı kendi izlenim ve iç sesimdir. Küba'ya özel bir tat olarak değişik bir lezzet 'Siyah Fasulye Çorbası'nın tarifini vermeden geçmek istemiyorum.

Siyah fasulye çorbası

400 gr. siyah fasulyeyi bir saat kadar haşlar, süzeriz. Diğer tarafta 2 soğan, 2 domatesi küp şeklinde keserek zeytinyağında kavururuz. Acı kırmızıbiber, 2 defne yaprağı, tuz, bir litre tavuk suyu ile fasulyeleri pişiririz. Malzemenin yarısını blanderden geçirerek diğer yarısına katarız. Bu arada defne yapraklarını çıkarmamız gerekir.75 gr. krema, 2 çay kaşığı kırmızı şarap sirkesi, bir çay kaşığı kimyon ile kaynatırız. Az dana jambonu kırmızı biberle soteleyip çorbaya katar, kişi adedi kadar jumbo karides ile süsleriz.

Elimize Geçen Her Gezi Fırsatını Değerlendirmeliyiz

Sonraki durağımız Meksika, Cancun. Plaj kenti, sayfiye merkezi. Mercan adaları ile kaplı sahilinde su altında dalış, jet ski ile okyanus dalgalarınla savaş, deniz kabuklularınla donatılmış bir yemek... On kere daha gitsem hala pes etmeyeceğim bir belde.

Mısır ve Meksika, bu kadar uzak ve okyanus aşırı iki ülkede aynı görüntü ve yaşam tarzı. M.Ö. 300 yıllarında birbirinin eşi yapılmış piramitler. Maya medeniyetinin izlerinin korunduğu yer, Chichenitza; gezimizin en müthiş durağıydı. Piramitin en üst basamağına kadar (365 basamak) çıktık. İnişi çıkışından çok daha zordu. Tekerleğin, çekme halatının bilinmediği, okyanus aşırı iletişimin olmadığı dönemlerde iki ayrı ırk, iki ayrı medeniyet. Mimarileri aynı, bıraktığı bilgiler aynı. Buradan kendimce bir neticeye varıyorum. İnsanoğlu başsız, sonuçsuz bir oluşum değil. Hatta yalnız da değil. Ya kendi arasında bilinç ötesi bir yansıma programı içinde, ya da tüm insanlık bir yerlerdeki bir üst yaşamın yansımasının tesirinde. Şimdi Urfa'mızda yapılan kazılarda (Göbekli Tepe) on iki bin yıl öncesine ait eserler bulundu. Bu, insanlık tarihinin yeniden yazılmasına neden olacak.

❀❀❀

O çağda oynanan (kalçalarınla top kayaları sahanın yanındaki eğimli alana atıyorlar) futbol sahasını gezdik. Piramitlerin dört yüzünde de yazılmış hiyeroglif yazıları inceledik. Aklın durduğu bir görüntüydü. Cevapsız kalan birçok soru. Kim bilir, kaçıncı dünya medeniyetinin nesliyiz? Nasıl yok oldular?

Gezimizin şimdiki durağı Florida. Orlando'da Disneyland ve Universall stüdyolar. Dünya Ticaret Fuarı. Disneyland'ta devasa bir küre var. Bunun içine bilet alıp saatlerce kuyrukta bekledikten sonra girebiliyorsunuz. İçinin belli bir kapasitesi var. Turunu tamamlayıp çıkan insan kadar kişi içeri girebiliyor. Koltuklarımızda kemerle bağlanıp kürenin her bir noktasında; yaşanmış geçmiş dünya tarihinde insanı izledik. Perde veya ekranda değil, hayvanları ve bitki örtüsü canlı olarak, dönemlerin şartlarında, soğuğu, sıcağı, yangını, yağmuru bizzat hissederek yaşadık. Son derece gerçekçi ve etkileyici, bilgilendirici, düşündürücü idi.

Araba hız parkuruna katıldık. 300 km. hızla virajlara girip, aniden önünüze çıkan bir duvara gelip duruyorsunuz. Testtrack'daki maceramızda adrenalin son haddinde derken, bir kano içinde tepeden akarsuya kapılıp yılanların kaynadığı bir kanala düşüyoruz. Çığlıklar içinde geçen beş saati ömrüm boyunca unutmam mümkün değil. Bu lezzetleri bana tattıran Tanrı'ma hamdolsun. Sebep olan eşime ev sahibi Roshe'a ve rehberlerimize minnettarım.

Son durak Miami'deki gece yaptığımız yat parti de muhteşemdi. Paris üzerinden dönüş. Evimize geldiğimizde iki albüm dolusu resim ve anlatmaktan bıkmadığımız anılarımız. Tarifi mümkün olmayan lezzetler bırakmış bir gezi olmuştu. Güzel bir rüya görmüş ve uyanmıştık.

Elimize geçen fırsatları en iyi şekilde değerlendirmeli, ertelememeliyiz. Değişik kültürleri yerinde solumalı, tatlarını, sofra adaplarını yaşamalıyız.

Yaşam kalitemizi, düşünce seviyemizi, mutfak repertuarımızı başka nasıl geliştirebiliriz?

Sos hollandiez yatağında deniz kabuklularını ben bu seyahatlerimde listeme kattım. Sidney'de ve Cancun'da sunulan müthiş deniz ordövrü, bana ülkemdeki beyaz etli balıklar ve hatta levrekle sunabileceğim bir yemek çeşidini yarattırdı. Adını da, 'Okyanus Tabağı' olarak belirledim.

Okyanus tabağı mor

Levrek veya beyaz etli yağlı büyük balıklardan birini seçebiliriz. Balık dışında az miktarda küçük ve büyük karides, minik midyeler, glovis, yengeç gibi bulabildiğimiz deniz kabuklularından ediniriz.

Balığı ve deniz kabuklularını iyice temizleyip süzgece alırız. Balığı alacak büyüklükte alçak bir tencerede on adet arpacık soğan, verev doğranmış havuç dilimleri, on diş sarımsak, beş adet defneyaprağı, bir çay bardağı rakı, on adet tane biber ile iki bardak su koyar balık ve kabukluları pişiririz (Karideslerin kuyruğu bırakılıp kabukları alınabilir, suya karışırsa hoş görünmez).

Sos Hollandaise

İnce halka halinde doğranmış beyaz büyükçe bir soğanı bir kahve fincanı kadar üzüm sirkesi ve 5-6 adet tane karabiber ile küçük bir tencerede sirkesi buhar oluncaya kadar kaynatın. İlk sıcaklığı geçince içine bir çay kaşığı tuz, yarım limon suyu, iki çorba kaşığı su ve dört yumurta sarısını ilave edip çırpmaya başlayın. Çırpma işlemi sıcak bir mekânda yapılmalıdır. En garantisi malzemenin bulunduğu kabı daha büyük, içinde sıcak su bulunan bir kabın içindeyken çırpma işlemini yapmaktır. Malzeme iyice koyulaştığında erimiş 500 gr. ılık tereyağını sicim gibi akıtarak sosumuzu tamamlarız. Sıcak bir mekânda uyku örtüsüne sarılı bekler. Yeneceği zaman servis tabağına yayılır. Ayıklanmış balık parçaları, kabukları pişerken açılmış glovides ve küçük midyeler, karidesler sosun üzerine yerleştirilir. Tabağın kenarı roka ve maydanoz yaprakları ile süslenir.

Kadın Olmanın Lezzeti

Bu arada yeni jenerasyondaki evlilik fobisine değinmeden geçmek istemiyorum. Genç erkeklerimizde, bir 'donanımlı', bir 'akıllı kadın' korkusudur almış başını gidiyor.

Oysa, -Unutmak mı, Affetmek mi- adlı kitabında Serhat Yabancı, "Akıllı kadın pratiktir, çözüm odaklıdır, bağımlı değil bağlıdır. İlişkide sahip olunan değil, ait olunandır. Sorunlara karşı eşini öne süren değil taşın altına elini koyandır. Erkeğe girişimcilik ruhu verendir. Kaygılarıyla engelleyen değil, destekleyendir," diyor. Yani akıllı kadının hiçbir zaman zararı yoktur. Ancak başka bir pencereden olayı izlediğimizde, korkunun sebebinin kadının donanımından değil, çekirdek ailedeki anne profilinden kaynaklandığını görüyorum. Erkeğe model, ilk aşkı olan annesidir. Babasının arkasından, annesinden duyduğu cümleler, baba üzerindeki anne hâkimiyeti, 'ben olmasam' kelimeleri ile başlanan çocuklara karşı güçlü kadın imajı konuşmalarının oğullarımızın ilerideki partnerleri için endişe taşıdığını düşünüyorum.

Kutup Dairesi

Denizi alıştığımız durgun, dalgalı halleri ile değil de, buzlarla kaplı şekli ile yaşadığım bir gezimi sizlere de yaşatmak istiyorum. Bakalım becerebilecek miyim?

Sene 2002. Bu sefer gezimiz Kuzey Kutbu'na (Finlandiya). On gün sürecek seyahatimiz yine aynı bayi grubu ile. Zamanlama harika, 21-23 Mart ekinoksunu hava şartları imkân verirse izleyeceğiz.

İlk durağımız Moskova. Hoş geldin balosu, tarihi bir binada Rus milli müzikleri eşliğinde, Rus halk danslarını seyrederek geçti. Çok yabancısı olmadığımız müzik ziyafetiydi. Tüm yemeklerinde özellikle etli yemeklerde şeker kullanılması dikkatimi çekti. Ertesi günkü şehir turunda Kremlin Sarayı muhteşemdi. Sarayın üzerindeki altın kulesi, ortasında devasa zümrüt taşı görkemliydi. Kuleye ağırlığından dolayı çıkarılmamış olan çanına savaş sırasında bomba isabet ettiği için delinmiş şekilde bahçede duruyordu. Metrosu abartılı şekilde süslü. Altın varak işlemeler ve heykeller ile doldurulmuş. Metronun içi kristal avizeler ile aydınlatılmıştı. Nehir kıyısındaki açık pazarı turistlere yönelik hediyelik eşya ve yiyecek doluydu. Bir günlük gezi süslü tarihi ile Moskova için yeterli olmuştu. Rus mutfak kültürü ve lezzetleri bizlere fazla yabancı değildi. Karadeniz illerimizde yapılan yemeklerle, Rus yemekleri çok benzeşmekte. Lahana ve karalahanayı çokça kullanıyorlar. Av hayvanları, özellikle ördek ve kaz çok pişirilen yemeklerden. Rusya ile özdeşleşmiş borç çorbası doğu ve kuzey illerimizde de sıkça yapılmakta. Rusya'da bu çorba için konuşurken 'içmek' tabirinden çok 'yemek' tabirini kullanırlar. Çünkü suyundan çok tanesi vardır.

Borç çorbası

Yarım kilo küçük doğranmış sığır etini pişiririz (pişirirken az suda bir demet maydanoz ve 2 defne yaprağı ile). Diğer tarafta önceden hazır ettiğimiz 3 litre et suyuna; 1 havucu kibrit, 1 patatesi ve 2 pancarı küp, 2 kuru soğanı küçük, 1 kereviz ve karalahanayı jülyen doğrayarak kısık ateşte pişiririz. Haşlanmış etin içinden maydanoz ve defne yapraklarını atıp çorbanın içine katarız. 100 gr. tereyağı, 2 çorba kaşığı domates salçası, birer tatlı kaşığı şeker, tuz, karabiber 3 diş sarımsak ilave edip pişirmeye devam ederiz. Bütün malzemeler yeme kıvamına geldiğinde 1 kaşık kavrulmuş unu 2 kaşık krema ile karıştırıp çorbanın suyu ile inceltir, çorbanın içine dökeriz.

Ertesi günü hedef noktamız Helsinki idi. Helsinki şansımıza tarihinin en sıcak mart ayını yaşıyordu. Normalde -20 derece olması gereken ısı, biz orada olduğumuz süre içinde hiç eksiye düşmedi. Burada insan ırkı alıştığımızdan çok farklıydı. Oldukça iri, kilolu, beyaz tenli, kırmızı yanaklı, sakin insanlar. Kadınları istisnasız dikkat çekecek güzellikte. Buraya yerleşmiş çok sayıda Türk var. Burada evlenip, özellikle hizmet sektöründe çalışmaya başlamışlar. İçki tüketiminin had safhada olduğu bir ülkedeyiz. Market çıkışların da market sepetlerinin bira ağırlıklı içki ile dolu olduğunu gördüm. İklim şartlarının bir etkisi olduğunu düşünüyorum. Ren geyiği eti bura halkının milli yemeği. Finlandiya halkı süt, yumurta, peynir ve yoğurdu çok yiyorlar. Patates üç öğün eksik olmuyor. Kahve, Türk kahvesi tarzında pişirilerek çokça içiliyor. Genelde yemekleri haşlama ve ateşte ızgara olarak tüketiyorlar. Somon balığı ve dağ çileğinin çok çeşitte kullanımına tanık oldum. Cunda'nın meşhur lor tatlısı benzeri buraya özel bir tatlısı var. Size bunlardan lor tatlısını ve severek yediğim bir somon pişirme tarzının tarifini vereceğim.

Lor tatlısı

500 gr. tuzsuz lor, 1,5 bardak un, 1,5 bardak irmik, 2 yumurta, 125 gr. margarin, kabartma tozu, vanilya, ½ bardak şeker, 1 bardak çekilmiş ceviz ve 1 kahve fincanı sarı üzümü sırası ile katarak karıştırın. Elle toplanır hale geldiğinde minik toplar yapıp yağlanmış fırın tepsisine dizin. 160 derecede yaklaşık 35 dakika bekleyin. Pembeleşecek, hatta kahverengiye dönecektir. Pişme esnasında 3 bardak şekeri, 3 bardak su ile kaynatır, bir limonla kestiririz. Kurabiyeleri çıkınca içine atıp yarım saat bekletin.

Somon

Somonu derisinden ve kılçıklarından nazikçe ayırabilmeniz için fileto olarak almanızı tavsiye edeceğim. Kişi adedine göre 3'er parça kişi başına düşecek şekilde böleriz. Bir limonun kabuğu, bir fincan sarımsaklı zeytinyağı, birer tatlı kaşığı tuz, şeker, kırmızı toz biber ve ezilmiş 2 diş sarımsağı karıştırarak balıkları marine eder 2 saat bekletiriz. Kapaklı teflon tencerede kısık ateşte suyunu vermesini bekleriz. 10 dakika içinde sulanacaktır. İki çorba kaşığı kremayı suyuna, balıkları zedelemeden karıştırırız. Balığımız yemeğe hazırdır.

Helsinki'deki ikinci günümüz. Uçsuz bucaksız buz alanında iki kişilik motorlarla bir köye gideceğiz. Rehber eşliğinde, özel kıyafet ve kurallara uygun olarak yapacağımız bu gezi sonunda bir de sertifika alacaktık. Baştan basit gibi görünen bu yolculuk molasında herkesin dili tutulmuştu. Durmak, vazgeçmek gibi bir lüksünüzün olmadığı, grubun artan hızına uyarak kimi yerde engebeler, kimi yerde erimeye yüz tutmuş altınızda çatırdayan bir buz zeminde gitmek, motoru sürmek zorundasınız. Rehberlerle beraber kırk adet motorla çıktığınız maceranın ilerleyen saatlerinde görüş alanınızda üç, beş motorun kaldığını fark edince bayağı ürkütücü olmuştu.

Dönüş biraz daha zevkli idi. Çünkü yerleşim merkezlerinden geçiyorduk, hız yapmak mümkün değildi. Molada, buz üzerinde ateş yakıp geyik çevirmesi ikram ettiler. Akşam yemeği ise çok daha ilginçti. İglo lokantada mahalli yemek ve içkilerini tattık. Lokanta binasının kendisi, içindeki her şey (masa, sandalye, bar) buzdan yapılmış. İçeride devamlı klima çalışıyor. Yemekler ahşap nihale üzerine sıcak tabaklarda getiriliyordu. Termostatlı kıyafetler içinde olmamıza rağmen oturduğumuz yerde popom üşüdü. Çaktırmadan nihalenin birini oturduğum yere yerleştirdim. Garsonlardan biri yanıma yaklaştı "Ablacığım, onlar sıcak tabaklar için, ben size kilim getireyim," dedi. Önce utandım, sonra dilimizi konuşan biri olduğunu fark edip, yüzüne baktığımda gülümsediğini gördüm. Türk'tü. Hatta yakasında ay yıldızlı rozeti ile kendisini tanıtıyordu. Erhan Rusya'ya okumaya gelmiş, okulda tanışıp âşık olduğu Finlandiyalı kız arkadaşı ile evlenip buraya yerleşmişler. Karı koca bu İglo lokantayı işletiyorlar, özellikle turistlere hizmet veriyorlardı. O binaları ayakta tutmak, devamlı beyaza bakmak, soğuğu solumak o kadar kolay olmasa gerek. Erhan'ı tercihi ile baş başa bırakıp motorlarımızla otelimize döndük.

Ertesi gün sabahın erken saatinde açık büfe kahvaltıda söğüş geyik etleri, envai çeşit peynirleri ile karnımızı doyurduk. İstikamet daha kuzeye seksen bin ada ve adacığa sahip bu ülkenin meşhur buzkıran gemisi ile bu adaları dolaşmaya ve denize girmeye gidiyorduk. Gemimiz ön tarafından buzu kırarak ilerliyor, yol açıyordu. Gölcükler oluşmuş bir alana geldiğimizde gemimiz durdu. Bugün bize özel kıyafetler giydirmişlerdi. Sadece yüzümüzün açıkta kaldığı yekpare tulumlardı. Çenemizin altından sıkıca bağladığımız için, içimize su girmesi mümkün değildi. Bu kıyafetlerimizle robot gibi sıraya girip teker teker suya atladık. Suda hacıyatmaz gibiydik. Beyaz ve maviden başka bir renk yoktu. Ekstrem bir deneyimdi. Ren geyiği ve husky'lerle katıldığımız kızak yarışları muhteşemdi. Buzkıran yolculuğunun ertesi günü buz dağlara, ormanlar arasından tırmandık. Piknik yapmak için gidiş geyiklerin çektiği iki kişilik kızaklarıydı. Dönüşü ise sekiz husky köpeğin çektiği kızaklarla yaptık. Hariçten bunları idare eden biri vardı. Geyikleri biz idare ediyor, neticede sertifikamızı da hak ediyorduk. Aynen çocukluğumda dinlediğim peri masallarını yaşıyordum sanki. Gece Helsinki'ye veda gecemizde herkesin hissiyatının aynı olduğunu dinledim. Rüyamız daha bitmemişti.

Yedinci gün Rovaniemi'deydik. Helsinki'nin kuzeyinde, uçakla iki saatlik mesafede. Burada ekinoksta gökyüzünde oluşacak özel bir görüntüye (aurora) şahit olacaktık. Dahası temsili Noel babayla tanışacak, pamuk prensesin yedi cücelerle yaşadığı evi ziyaret edecektik. Kızaklarla yapılan ulaşım buz-sky kadar tehlikeli olmasa da, bir o kadar zevkliydi. Son günlerde tatlı pişmiş geyik etinden bıkmıştık. Dokuzuncu gece bayiler toplantımızın veda ve teşekkür balosu vardı. Buradaki akşam yemeği adeta bir şölendi. Dönüş Zürih aktarmalı, Yeşilköy Hava Limanıydı. Biz de çok güzel lezzetler bırakan bir geziydi.

Bayi toplantısı amaçlı düzenlenmiş, üç sene katılma şansımız olan bu geziler; çok özel hazırlanılmış, animasyonlar dolu anılardı. Eşim ve ben gezmekten hiç bıkmayan yapıya sahip olduğumuz için elimizdeki her imkanı çok iyi değerlendirmişizdir. Kısa da olsa, Avrupa ülkelerine düzenlenen uygun fiyatlı sezon dışı gezilerde de bulunduk. Daha yorucu ve bazı gördüklerimizi hazmedemiyorduk. Yine de hepsinde unutulmayan anılar, arkadaşlıklar, tatlar yaşadık.

Zorluklar Arınma Vesileleridir

2003 Şubat ayıydı. Cunda'daki dükkânımızın inşaatı bitmiş, yavaş yavaş eşyaları taşıyıp dekorasyonu ile ilgilenir olmuştuk. Haftanın iki günü yollarda geçiyordu. Eşimin periyodik başlayan mide rahatsızlığı, nefes alma sorunları, önce anjiyo arkasından üç damar tıkanıklığı nedeni ile bypass operasyonunun yaşandığı sıkıntılı bir üç ay yaşadık. Sonra yüksek ateş ve gribi takip eden kalp kapakçığı değişikliği için zor bir operasyon daha geçirerek eşim o yılın sonuna kadar zorlu bir nekahet süreci geçirdi. Bu arada mayıs ayında iki hafta kadar dükkânımızı açabildik. İlk satışımızı yaptığımız sevgili meslektaşımız Bayan Kumral'la bir hafta sonra buluşma randevumuz ancak kasım ayında gerçekleşti. Dükkâna geldiğimizde eşim nekahet dönemini yeni atlatırken, ben de histerektomi (rahim ve yumurtalıkların alınması) operasyonundan yeni çıkmıştım. On beş günlük çalışma tempomuzun sonrası benim bel fıtığından geçirdiğim operasyonla, 2003 yılını sağlık sorunlarımızı halletmiş olarak kapattık. Sabrımızın, dayanıklılığımızın sınandığı, birbirimize aile olarak kenetlendiğimiz bir dönemdi. Bu ameliyatlar neticesinde birçok yasaklar ve ilaçlar oldu. Eşim yaşam boyu alması gereken kan inceltici ilacıyla arkadaş olmak zorunda kaldı. Onunla iyi geçindiği sürece daha sağlıklı olacaktı. Ben bıçakla girdiğim menopoz sendromundan dört sene hormon takviyesi, sonrasında altı aylık anti depresan kullanarak normal yaşama ancak geçiş yapabildim.

Üç yıl, yazları dükkânımızda sekiz ay, kışları İstanbul da evimizde geçirdik. Büyük oğlumuzun babasının işine adapte olup başına geçmesini bekledik. Benim oğlumun Amerika macerası, arkasından askerliğini Barış Gücünde yapmak istemesi ile Afganistan'a gitmesi, kızımın kanı deli bir lise dönemi aynı seneye denk geldi. Gençleri, İstanbul yaşam okulunda kendi hallerine bırakıp 2007 yılından itibaren kış yaz Cunda'ya yerleştik. İşimiz gereği İstanbul'a gittiğimizde nostalji soluyup, sanata doyuyorduk.

Seneler sonra kalabalık sofraları arar olduk. İki kişilik yemek pişirebilmek için yeni yöntemler geliştirdik. Sadece sayıca azalmak değil yılların bedenimize yaptığı tahribatla birçok alışkanlıklarımızdan vazgeçmek zorunda kaldık.

Sağlığımızla ilgili 2003 yılında büyük kararlar ve önlemler aldık o yılı bizim için çok zor geçen ancak bir kurtuluş ve arınma yılı olarak kabul ediyorum.

-6-
ANTİKACI AŞURESİ

Ben Nilgün, aşure yaşamımın şekeri. Cunda'daki evimize önceleri tatil amacı ile kısa süreler gelir giderken ameliyatlarımızdan sonra devamlı yerleşmeye karar verişimiz bizim için iyi anlamda bir dönüş noktasıydı. Aşurem bu adada daha bilinçli bir şekilde malzemelerine kavuşmuş, şekil almaya başlamıştı. Antikacı dükkânı açma fikri ve heyecanı ile aşurem renklenmişti. Cunda yeni aşuremin piştiği huzurlu mutfağı, dükkânımız yaşam aşuremizin yardımcı gereci düdüklü tenceresiydi. Malzemelerinin çoğu bu tencerede kıvama gelip aşure tenceresine aktarılıyordu. Hem zamandan tasarruf ediyor, hem malzemeler daha iyi pişiyordu. Cunda'da bu işi yapmaya karar vermemiz, yıkıntı halinde binalarla dolu bir sokak seçimimiz yakınlarımızı bu kararımızla ilgili menfi konuşmalara itmişti. Hepsine kulaklarımızı tıkadık ve hayallerimizin bizi götürdüğü yere gittik. O sokakta antikacı dükkânı açma fikrimiz bir tesadüf değildi. O sene itibari ile Cunda'nın görüntüsü değişmiş, o sokaktaki dükkânlar restore edilip kimlik kazanmıştı. Güllerle üstü kapanmış adeta bir antik pasaj görünümünde pastanesi, gümüşçüsü, şarap evi ile Cunda'nın en güzel sokağı olmuştu.

Annem, babam, kayınvalidem üç yaşlım artık yardımsız yaşamlarını devam ettiremiyorlardı. Aşuremin üç değerli malzemesi benim gözetimimde bakıcıları ile yaşamaya gayret ediyorlar bizlere büyük sınavlar yaşatıyorlardı. Önlerine koyduğumuz teknolojik gelişmeleri kullanmaya çalışırken diğer taraftan alışkanlıklarını, korkularını, egolarını bırakmamaya her şeye hâkim olmaya gayret ediyorlardı. Algıları zayıflıyor, devamlı inilti ve şikâyet eder durumda söyleniyorlardı. Bu fotoğraf yaşlıları olan bütün evlerde yaşanan bilinmedik görüntüler değil. Onları olduğu gibi kabullenmek son günlerine kadar yaşamdan kopmamaları için yardımcı olmalıydık. Sanırım bunu becerdik. Bu becerimizin aşureme verdiği lezzet şekerinin kararıdır.

Ben antikacı aşuresinin şekeri; dükkânımız nelere şahit olmadı ki? Ünlü, değerli nice isimleri ağırladı. Sene 2009, bahardı. Dükkânımın kapısından sahnede grubunu (Modern Folk Üçlüsü) keyifle izlediğimiz Ahmet Kurtaran girdi. Kapıda öğretisi içinde olduğum derneğin amblemi vardı. Girer girmez masada oturan eşime yaklaşarak 'Merhaba kardeşim' dedi. Eşim, "Merhaba hoş geldiniz. Kardeşiniz orada," deyip beni gösterdi. Bir müddet hoş bir muhabbet oradan buradan konuşuldu. Ben derneğin yeni ve acemi bir üyesi olarak çok heyecanlı ve gururluydum. Dükkânımızdan çıkarken gözlerimin içine bakarak elimi sıktı ve 'Sizi kutluyorum. Çok önemli bir görevi layığı ile yapıyorsunuz. Bu kadar ağır yaşanmış enerjiyi üstünde taşıyan bunca eşyayı filtrelemiş, arındırmışsınız. Buradan alış veriş yapanlar ne kadar şanslı olduklarını bir bilseler,' dedi. Şok olmuş, söylediklerinin o an derin manasına erememiştim. Zaman içinde ulaştığımız bilgiler ışığında bu sözleri hatırladıkça böyle bir görevi üstlenip, yapmış olmanın mutluluğunu yaşadım.

O sene oğlum da evlenip Cunda'ya yerleşmeye karar verdi. Talihsiz sınavlarımızla dolu bir süreçti. Yanlışlıkla aşuremin üstüne serpilecek tarçını, içine pişerken atmıştık. Ailemize katılan bu yeni insanlar güzel pişmekte olan antikacı aşuremin içine zamansız ve fazla katılmış malzemesiydi. Bu süreç maddi ve manevi birçok kayıplarla aşuremin rengini ve tadını bozmuştu.

Aynı dönemde annemi ve kayınvalidemi bir sene arayla kaybetmiştik. Onların vefatı ile yaşantımda büyük boşluk oluşmuş, sanki birden yaşlanmış onların bakım ve sorumluluklarının bitmesi ile rahatlamam gerekirken yeni bir misyon yüklenmiştim. İki "ata" gitmiş, ben "ata" olmuştum. Geçmişimizi geleceğe taşıyabilecek yaşam diskini, yitirmiş olan babamdan başka kimse kalmamıştı.

Gencin Porselenleri

Dünyada yemekler genelde İmparatorluk yaşamış ülke mutfakları ile anılır ve bu ülkeler fırın konusunda da uzmandırlar. Seramik, porselen ve cam üzerine de, yemek de olduğu gibi tarihte iz bırakmışlardır. İlk porselenin yapımı Çin'de gerçekleşmiştir. Uzak Doğu'da (Çin, Japonya) porselen imalatçılığı hala ünlüdür. Dünyanın en nadide antika Çin porselenleri, Topkapı Sarayındadır.

Bu konu ile ilgili beni duygulandıran bir anımı nakletmek istiyorum. Cunda'da dükkândayım. Farklı bir şive ile konuşan ancak Türk olduğunu düşündüğüm müşterim duvarda asılı olan Japon menşeli tabakların karşısında uzun uzun dalıp gitti. Yanına gidip yardım edebileceğim bir şey var mı? diye sorduğumda, "Bu tabakların hikâyesini biliyor musunuz?" diye bana cevabını bilmediğim bir soru yöneltti ve anlatmaya başladı. Kendisi Japonya'da yaşıyormuş. Eşi Japon bir iş adamıymış. Çocuklarını orada, o kültürde yetiştirdiğini söyledi.

"Japon İmparatoru aynen bizim padişahlarımız gibi geniş bir hareme sahiptir. Halk arasında gezerken bir kadını beğenir ise bir işaretleri yeter, hemen kadını saraya getirirler. Yine bir gezisi sırasında yeni evli ve hamile olan bir kadını saraya getirmelerini istemiş. Hamile olduğunu duyunca, 'doğurunca getirin' demiş. Porselen ustası olan kocasına bir erkek evlat verip, kaderine boyun eğerek gencinin annesi saraya gitmiş. Gencin büyüyüp babası kadar iyi bir usta olduğunda Japon kadınlarının yazgısını işaretleyen resimlerini porselenlerine resmetmek üzere, sarayın karşısında bir adada atölyesini kurmuş. Annesinin diğer çocuklarıyla mutlu olduğunu görünce onu üzmemek için kendini hiç göstermeden hissiyatını, kadere kırgınlığını porselenlerine aktarmış. O kadar güzel ifade etmiş ki, Japon halkı saraya bir tepki olarak evlerine muhakkak bunları asar, kullanır olmuş. Zaman içinde fincanlar, vazolar, yemek tabakları ve daha birçok ürüne sarayın bu yaşantısını resmetmiş. Kore Savaşı sırasında, oradaki görevi bitip de ana vatana dönüş yaparken Japonya'dan geçen Türkler bu kaderden etkilenmiş olmalılar ki dönüşlerinde birçok porseleni ülkelerine taşımışlar. Bu tabaklar da bunlardan bir kaçı," diye gözleri yaşayarak bu bilgiyi aktardı. Bakışlarında anlatmak istediği daha birçok şey vardı.

O an fazla sorgulayamadım. İkinci kez uğradığında, Japon aile kültürü ile çok ilginç bilgiler edinmiştim.

Japonya'da evlilik ve cinsellik kavramı çok ayrı şeyler. Japon erkeği evleneceği kadını çocuklarının annesi olacak, neslini devam ettirecek ve ailenin ekonomik programını organize eden saygıdeğer biri olarak görüyor. Eşi ile ilişkisi sadece çocuk yapma üzerine planlanıyor. Bunun dışında eşiyle, yani çocuklarının anası ile ilişkiye girmesi büyük saygısızlık addediliyor. Erkekler cinselliklerini eşlerinin de bilgisi dahilinde geyşalar ile yaşıyorlar. Geyşalar, erkeğini mutlu etme konusunda özel eğitilmiş kadınlardır.

Bu bilgiler düşündürücü ve beni bayağı rahatsız etmişti. Bu şu anda ne derece ve ne yaygınlıkta uygulanıyor bilmiyorum, ama kapalı kapılar ardında yaşananları sorguladığımızda, karşılaşacaklarımız beni hep korkutmuştur.

Bu konuyu kızımla paylaştığımda, Japonya'daki bu geyşa sektörüne çok olumlu bakıp, saygı duyduğunu, ancak, ülkemizde olduğu gibi bir geyşa modeli adı altında kadınların kendilerini başkalaştırdıklarını kabul edemediğini söyledi. "Geyşa: Bir kültür gereği geliştirilmiş bir yaşam biçiminin oluşumudur. Bizim kültürümüzle ilgisi olamaz," dedi. Bana verdiği mesajlardan dolayı onu kutladım. Her zaman kendimle 'Bir geyşa gibi' tabirini kullanarak övündü ğümü hatırladım. Bu yanlış bir övünme idi. Kızım bu konuda çok haklıydı.

Dükkânımızın bana kazandırdığı çok değerli yeni malzemelerle tarifine vakıf olduğum yaşam aşurem bir şekilde kıvamını ve lezzetini bulamamıştı. Bu farkındalıkla aynı bedende yeniden var olmayı olumlu her şeye sahip bilincimi arındırıp çöplerden kurtulmaya son bir deneme daha yapmaya karar vermiştim!

-7-

KIVANÇ AŞUREM

2009 senesi yaz sonu bir gün dükkânımın yan cephesinde bulunan Karadeniz pastanesinin masasında Ayvalık'ın medyumu Ceyda arkadaşımla oturuyordum. Her geldiğinde kahve fincanımla ilgilenip kendine has biraz çocuksu tavrı ve derin bakışları ile kehanette bulunurdu. O günde özellikle falıma bakmak istediğini söyledi.

Kestane ağacı mitolojide yaradılıştan diplomat, hassas adalet dengeleri olan, kendine güveni az, derin sezgileri olan bilinçleri temsil eder. Ceyda ile başka hangi meyve bu kadar eşleşebilirdi?

Sevgili Ceyda, benim öz aşuremin kestanesi, o gün içinden gelen sesle bana çok güzel müjdeler verecekti. 'Çok yakında yaşam ikizinle tanışacaksın. El ele nirvanaya varacak, adeta yeniden doğacaksın.' Bu sözler o an büyük bir anlam ifade etmemişti. O gün çok güzel bakışlı bir dostla tanıştım. İlerleyen günlerde benim yoldaşım, kardeşim, sırdaşım oldu. Tıpkı Ceyda'nın dediği gibi Mevlana felsefesinin ışığında onun yolunda bir öğretinin misyonu ile el ele yürüdük. Dilek Çınar'la tanıştığım gün onu temsil eden kallavi kepçeyle tenceremin içindeki değerli malzemelerim karışmaya, öğretimizin enerjisi ile pişmeye başlamıştı.

Bu öğretimizin aurasında toplanan nice güzel dostlarla çok değerli bilgiler paylaştık, kendimizi aşmayı, daha iyi vasıflara ulaşmayı yakaladık. Cevapları ötelenmiş sorularımızla yüzleştik. Kısacası kendi öz kişiliğimize ulaşmanın rehberi ile tanıştık.

Hoşgörünün, iyi niyetin, sabrın, sonsuz sevginin bilinçli bir şekilde akıl-mantık-şuur süzgecinde yapılması gerektiğini öğrendik. Şuursuzca yapılan yardımların karşımızdaki muhtaç insanları nasıl yaraladığını, yaşayarak varacakları bilinci nasıl geciktirdiğini gördük. Neden? Niçin? Niye? Nasıl? Artık cevaplarına nasıl uzlaşacağımızı biliyoruz.

Böyle bir realite yolculuğunda çevremize yaptığımız yansımalarla çok güzel yeni dostlar katıldı aramıza. Bu öğretinin peykindeki arkadaşlarım benim aşure yaşamımın şeffaf çanaklardaki süsleriydi. Pişmeye ihtiyacı olmayan her biri evren ve insanlık için farklı yararlarla donatılmışlardı.

İçinde olduğum misyonun görevlileri, sevgili yol arkadaşlarım aşure çanaklarımın üzerinde küçük parçalar halinde kendilerini insanlığa hediye etmiş taze meyvelerdi.

Cunda'ya bu arkadaşlarım tesadüfen gelmiş olamazlardı. Hemen hemen aynı tarihlerde bu adaya yerleşmiş, geçmiş yaşamlarda ortak birçok yaşanmışlıkları olan kişilerdik.

Tünami Ailesi

Son beş yıldır kitap seçimlerimde bariz bir değişiklik oldu. Geçmiş yıllarda daha çok dinlenmek, günlük meşgalelerden uzaklaşmak için kitap okurdum. Onun için sürükleyici romanlar yoğunluktaydı. Şimdi beni düşündürecek, sorularıma cevap bulabileceğim ve şuurumdan film şeridi gibi geçen fikirlerimi, varsayımlarımı konu eden kitapları tercih ediyorum. Spiritüel kitaplar, yaradılış programları, düşünce gücü ve ötesini inceleyen, örnekleyen kitaplar daha çok ilgimi çeker oldu. Burak Özdemir'in 'Tanrının Doğum Günü' ile başlayan yolculuğum, Şimdinin Gücü, Yuvaya Dönüş, Osho'nun kitapları, Dan Brown'un Cehennemi, Akilah-Fi ile devam ederek Bilgi Kitabı'nda son buldu. Şu anda çok yüksek bir enerji halesi içinde sorularımın derinliğine kadar bilgiye ulaştığım muhteşem bir ailem var. TÜNAMİ (tüm renkleri içinde barındıran, içinde her rengi bulabildiğiniz bir siyah renk) ailesinin bir ferdi olmaktan son derece mutluyum.

Bu süreçte aşure yaşamıma çok malzeme katıldığı gibi, çok değerli temel malzemelerini de yitirmiştim. Benim varlığımın, kız evlada sahip olmanın ayrıcalığının ancak farkına varan annemle birbirimize gerçek anlamda yeni kavuşmuştuk ki, bu sefer ebediyen terk etti beni. 2009 senesinde son on sene sigarayı bırakmış olmasına rağmen uzun senelerin yaptığı tahribat neticesi ciğerleri iflas etmişti. Geriye yaşayamadığımız günlerin özlemini bıraktı ve gitti.

2010 ağustosunda da aşure yaşamımın hurması; Hasibe Annem (kayınvalidem) görevini tamamladı ve veda etti. Evine, diğer iki çocuğuna, torunlarına, komşularına özlem dolu gitti. Yaşam aşureme tüm ışığını bırakarak gitti.

Sene 2013 yılbaşı kutlamalarına iki gün kala gece gelen telefonda babamın altı aydır kaldığı huzur evinde hayatını kaybettiği söyleniyordu. Son atam da görevini tamamlamıştı.

Onlar gerçek mekânlarına, huzura yolcu oldular. İnanıyorum ki onlar bizimle beraberler. Biz onları hissedemiyor, ulaşamıyoruz. Bir gün biz de bu dünyada görevimizi bitirdiğimizde onların yanına varacağız.

Necip Usta

Son günlerde dualarımda hep dünyevi pürüzlerimin bir an evvel hal olması için rabbimden işaretler diledim. Bu arada Tanrının çok sevgili kulu olduğumu söylemeden geçemeyeceğim. Bir parçası olduğunu düşündüğüm yaratanın bana verdiği hazır sermayelerimi en iyi şekilde kullanmaya ve emanet ettiği suretine sahip çıktığım sürece yanımda kollayıcı ve yardımcı birçok hami dostlarımın olduğunu hissetmişimdir. Bugün bunun örneğini bir kere daha yaşadım. Paylaşmak istiyorum.

Bilgisayarımın başında kitabımla baş başa yemek sayfalarımı gözden geçirirken Necip Ağabeyimin kitabından aynen uyguladığım un helvası ile ilgili bir tereddüt oldu. Ölçüde bir hata yapmamak için internetten Necip Usta'yı tıkladım. Beş sene evvel gazetede çıkan bir ölüm ilanını yine internetten okumuş, çok üzülmüştüm. Ve hiçbir şekilde ne mail adreslerine, ne ev adreslerine ulaşamıyorduk. Daha iki gün evvel kitabımla ilgili bilgilerimi paylaştığım sevgili ahretliğim, gönül ikizim Su Yeşili'ne Necip Ağabeyim sağ olsaydı, bana sözü vardı, kitabıma ne değişik tarif, detay ve sağlıklı bilgiler verirdi, dedim. Ve bugün karşıma yine gazete haberi olarak ölüm tekzibi çıktı. Beş sene önce uzaklarda onu nasıl, neden kaybettiğimizin bilgisizliği ve ihmallerimizden dolayı büyük bir ıstırap duymuş, kendime çok kızmıştım. Bugün bu haber karşısında sevinçten gözyaşlarımı tutamadım. Ona ulaşmak için birçok yeri aradım ama nafile, yine ulaşamadım. Bilgisayar kurdu oğlumu arayıp, "Hadi teknolojiyi konuştur, bana Necip Ağabeyimi bul," dedim.

Yedi yıl evvel Necip Ağabeyim İstanbul'a geldiğinde babamı aramış, 'Dayıcım mesleki kariyerime seninle adım attım, bir daha gelebilir miyim bilemiyorum? Seni görmek, helalleşmek istiyorum,' demiş. Babam derhal beni arayıp, 'Git kaldığı otelde bul, al Necip'i getir,' demişti. Barbaros'ta Hotel Plaza'da kalıyordu. Onları bir akşam yemeğinde bir araya getirdim. Eski anıları, aile ilişkileri, ortak dostları, babama duyduğu minnet hissini dile getirişi, konuşmaların her kelimesini kafama kazıyarak yazdım. Hem atalarımla ilgili, hem mutfakla ilgili bir daha ulaşamayacağım bilgiler alıyordum. Çok ani verilen kararla buluşmuş ve dışarıda yemek yiyorduk. Bu benim için büyük bir ayıp ve kayıptı. Necip Usta'yı kendi soframda ağırlayamamıştım.

Saçları ağarmış, sanatçı kişiliğini vurgulayan saf, temiz, kibar konuşma şekli ile ortaokul çağlarından hatırladığım genç Necip Usta farklıydı. Koyu kumral saçları, çatık kaşlı, sert tonlamalı konuşması ile Tarabya Oteli'nin mutfağında kalabalık bir aşçı gurubuna mikrofonla talimatlar veriyordu. Ortada büyük bir döküm ocak tezgâhı, etrafta tezgâh üzerinde çalışan beyaz önlüklü aşçı adayları. Amcam bu manzarayı görmem için beni o gün özellikle götürmüştü. Kenarda oturmuş sessizce izliyorduk. Bir süre sonra zile bastı 'herkes dışarı' dedi. Asker gibi önlüklerini oldukları yere bırakıp, dizildiler ve gittiler. Bulunduğu yüksekçe kulübeden indi, tezgâhları ve ocakları denetledi. Bir iki tası olduğu gibi çöpe döktü, tekrar zile bastı. Herkes aynı disiplinle içeriye geldi, önlüklerini giyip, şapkalarını taktılar. Tek tek isimleri ile hitap edip, hatalarını ve takdirlerini bildirdi. Yeni talimatlarını verip yanımıza geldi. Üçümüz rufa çıkıp, dondurmalı suflelerimizi yedik ve ayrıldık.

Hikâyenin başlangıcı şöyledir: Necip Usta ve İlyas Usta el ele tutuşmuş iki kardeş olarak, büyükbabamın yanına İstanbul'a gelirler. 'Dayı annem vefat etti, babam gidin dayınıza sizi yetiştirsin dedi,' derler. İlkokul mezunu, cılız buluğ çağında iki çocuk mutfakta yetişmek üzere dayılarına gelmişlerdir. Büyükbabamın yanına Bolu Mengen'den gönderilen birçok aşçı adayından biriydiler. O zaman kimse bu iki kardeşin, dünyanın tanıyacağı, birçok uluslararası madalyalara kupalara sahip olacak, üç dilde kitapları yayınlanacak aşçılar olacağını hayal edemezdi herhalde.

1960'lı yılların başında altı, yedi yaşlarındaydım. Necip Usta gelmiş salonda babamla konuşuyorlardı. 'Dayıcım, lütfen bana yol gösterin. Becerebilir miyim? Bilmiyorum, ama denemek istiyorum,' dediği konu, Dünya mutfağından kendine güvenen tüm aşçıların katılacağı Fransa'da yapılacak 'soğuk büfe' üzerine bir yarışmaydı. Oraya gidebilecek hiçbir bilgisi ve imkânı da yoktu. Babam gerekli yardımı yapmıştı. O seyahat Necip Usta için yaşamının bir dönüm noktasıydı. Yarışmada birincilik almıştı. Hedefi artık yurtdışı idi. 1964'te Newyork'a, daha sonra Avrupa Ülkelerine gitti. En ünlü otellerde baş aşçı olarak görev yaptı. 1959'da evlendi, sonra Türkiye'ye döndü. Yazdığı kitaplar satış rekorları kırdı. Sadece mutfak alanında değil, uluslararası konularla ilgili görüşleri ve bilgileri ile anılan bir kimlikti. 1974'te Atlanta'ya temelli göç etti. 38 yıl mutfakta idareci olarak kıdem yapmış tek aşçı unvanı ile 2002 yılında emekli oldu. O gün bana mutfakla ilgimi sorduğunda tevazuyla 'Bir şeyler yapıp aileme yakışmaya çalışıyorum,' demiştim. İlerleyen dakikalarda yazmaya başlamış olduğum kitabımdan bahsettiğimde çok mutlu olmuş, haberim olsun benden istediğin bütün yardımlara hazırım demişti.

Tanrımın bana bu konuda yardım edeceğine, bizi buluşturup yarım kalmış sohbetimizi bitirebileceğimize inanıyorum. Bu bilgileri yaşadıkça okuyanlarımla bu buluşmanın tadını hep beraber yaşayacağız.

Büyük Beklentilerin Neticesi: Mutsuzluktur

Çocuklarımız büyüdü, damat, gelin adayları gündeme gelmeye başladı. Kızımın nişanı yine Bay Bordo'nun otelinde yapıldı.

Damat ve ailesi 2013 Nisan ayında, kızımı istemeye İstanbul'daki evimize geleceklerdi.

Erken saatte başlayan bir yemek daveti ile söz kesildi. Yeni adetlerde söz kesilirken de yüzük takılıyormuş. Damadımız daha önce evlenme teklif ederken tek taş yüzük takmıştı, söz kesilirken de halkalar takıldı. Cunda'dan o gecenin hazırlığı için dört gün önceden İstanbul'a gittik. Kızımla ortak mönümüzü oluşturduk. Deniz mahsullerini pek tercih etmedikleri için ana yemek et olacak şekilde bir liste çıkardık.

12 kişi olacaktık. Diyeti olan yok, ancak yemek konusunda seçici olan bir müstakbel kayınpeder vardı.

Hazırladığımız yemek listemiz; mevsim salatası, çerkez tavuğu, zeytinyağlı çalı fasulye, muhammara, ara sıcaklar; içli köfte, lor böreği, beğendili enginar, ana yemek; tandır ve iç pilav. Tatlıyı bu sefer evden yapacak vakit bulamadığım için, dışarıdan hazır baklava almaya karar verdik. İstanbul'da iki günüm kızımla alışveriş için sokaklarda geçti. Evin temizliği ve beraberinde yemeklerin pişmesi için de iki gün yetmişti.

Yeşil fasulyeyi zeytinyağlı pişireceksek 'çalı' tabir edilen cinsini tercih etmeliyiz (bir kilo fasulye altı kişilik bir masa daveti için yeterlidir.). Kulaklı tabir ettiğimiz geniş ancak alçak bir tencerede pişirirsek şekli bozulmadan aynı çapta bir servis tabağına döndürebiliriz. Çok şık görünecektir. Fasulye ne kadar taze ve diri olursa olsun kenarlarını çok ziyan etmeden bıçakla keser atarız. Bir büyük domatesi soymadan alt kısmından artı şeklinde bıçakla çizerek tencerenin ortasına koyarız. Yıkayıp süzdüğümüz ayıklanmış fasulyeleri bu domatesin etrafına tencere kenarına dik olarak dizeriz. İki, üç sıra olacaktır. Bir büyük soğanı halka halka üzerine koyarız. Bir tatlı kaşığı tuz, bir tatlı kaşığı şeker serpip bir su bardağı zeytinyağı (mandalina aromalı tercih edilir) gezdiririz. Üzerine önce kapatacak büyüklükte bir tabağı, sonra tencerenin kapağını kapatıp çok kısık ateşte kendi suyunu verip, çekene kadar pişmesini bekleriz. Yağına kalınca ateşi söndürüp, içindeki tabağı alırız. Soğuyunca tencereden az büyük servis tabağını tencerenin ağzına kapatıp, hızlı bir şekilde çeviririz.

Muhammara

Arap kökenli, daha çok Güneydoğu Anadolu illerimizde sıkça tüketilen bir mezedir. Özellikle içki seçiminiz rakı ise yanına yakışır. 200 gr. kadar çekilmiş ceviz (aralarında irice çekilmişleri olabilir), ufalanmış 4 dilim kadar ekmek, ezilmiş 4 diş sarımsak, 250 gr. lor, tepeleme 2 çorba kaşığı biber salçası (Acı kırmızıbiberi közleyerek, ezip kullanabiliriz. Biber salçasını güneşte kurutulmuş tercihen Maraş, Urfa, Antep yörelerinin olmasına dikkat etmeliyiz), yarım limon suyu, kırmızı pul biber, kimyon, kararınca tuz ve şekeri kaşığın tersi ile ezerek birbirine yediririz. Aldığı kadar sızma zeytinyağını (kırmızı acı biber aromalı) son aşamada katarız. Servis tabağında üzerini iri ceviz taneleriyle süsleriz.

Lor Böreği

Fazla bir malzemeye gerek yok. Buzluğumuzda saklayıp, istediğimiz an çıkarıp kızartabiliriz. Yufkayı tezgâhınıza yerleştirin, yarısına bıçağınızla loru sürün. Boş kısmını üstüne kapatın tekrar lor sürün. Katlanan düz kenarı yan tarafa gelecek şekilde lorlu yufkanızı rulo yapın. Hava bırakmadan, sıkı bir şekilde sarmanız önemlidir. Son ucunu ıslatırsanız açılmaz. Tepsinize yaydığınız pudra şekerine üstünü bulayıp kaldırabiliriz. O şekilde buzlukta dondurun. Gerektiğinde bir parmak kalınlığında dilimler halinde kesip teflon tavada iki çorba kaşığı yağda sallayarak kızartın. Yakmadan ve ortasına kadar buzunun açıldığına emin olun.

Mor'un Beğendili Enginar'ı

Osmanlı mutfağının özellikli yemeklerinden 'Hünkâr Beğendi'den esinlenerek tarafımdan yapılıp, beğeni kazanmış bir yemektir. Kişi adedi kadar enginar alınarak temizlenir. Alçak bir tencereye ters çevrilerek yerleştirilir. Bir çay bardağı portakal suyu, kararınca zeytinyağı, tuz, şeker katılarak tencerenin içine bir tabak ve tencerenin kapağı kapatılarak kısık ateşte 10 dakika kadar pişirilir. Enginarlar soğumaya bırakıldığında beğendi ve et pişirilir.

Her enginar için bir parça kuşbaşı (beşer santimlik küp parçalar) düşünülerek, doğranmış kuzu budu alınır. Bir büyük soğan (ince doğranmış), bir çorba kaşığı domates salçası ile etler mısırözü yağında çevrilir. Etin kendi suyunu verip, çekmesi beklenir. Bir çay fincanı su, kekik aromalı 2 çorba kaşığı zeytinyağı, birer tatlı kaşığı tuz ve şeker ilave edilerek düdüklüde öttükten sonra 15 dakika pişirilir.

Beğendi için iki çorba kaşığı un mısırözü yağında kavrulur. Oda sıcaklığındaki sütü (sıcak katarsanız un pütürlenir) una yavaşça yedirerek muhallebi kıvamına getiririz. 150 gr. kadar taze kaşarı (tercihen tulum peyniri) rendeleyip tenceremize katarız. Bir çay kaşığı tuz ve bir çorba kaşığı tereyağını ilave ederiz. Buraya kadar yaptığımız beğendi tarifi (beşamel sos) Fransız menşeli ögreten sosudur. Haşlanmış tüm sebzelerin üzerine dökülerek fırında pişirilir (**kabak ögreten, patlıcan ögreten, karnabahar ögreten** gibi). Beğendi olabilmesi için peynirini koyma aşamasından önce közlenip ezilmiş patlıcanı içine katıp, karıştırırız. Bu ölçü için 2 kemer veya 1 bostan patlıcanı yeterlidir.

Fırına dayanıklı servis tabağımıza enginarları dizeriz. İçlerine aldığı kadar beğendi, üstüne 1 adet eti koyarız. Etin suyunu servis tabağımıza kenarından akıtırız. Beş dakika fırınlandıktan sonra servis edilebilir.

Tandır için, mevsimine göre geyik eti veya kuzu eti kullanılır. Ördek veya kaz etinden de olabilir.

Çok sevdiğim aile dostlarımızdan Bayan Turanj'ın evinde yediğim ördek tandırı unutamadım. Özellikle kitabımda yer almasını istedim ve kendisinden rica ettim. Yanında ayva ve elma karışımı püresi, bezelye ve Meksika fasulye sotesi ile lezzeti ve sunumu çok güzeldi. Tarifini bana yazdığı şekli ile aktaracağım. Kaz ve geyik eti için tatlı bir sosa gerek yoktur. Ancak mevsim sebzelerini etin suyunda pişirerek yanında garnitür olarak verebilirsiniz. Kuzu tandır deyince onun tamamlayıcısı kesinlikle içli pilavdır.

Bayan Turanj'ın Mektubu:

Ördek tandır

Ördeğin tüylerini çıkarmak için tencereye ördeği koyun biraz su ilave edin, Ocağın altını açın. Her tarafını çevirerek su bitene kadar bekleyin. Sonra tüyleri bir cımbız yardımı ile temizleyin.

Malzemeler

1 adet ördek

1 bağ maydanoz

2 adet havuç

1 adet soğan

Tencerede erittiğiniz tereyağında ördeğin her tarafını kızartın. Ördeğin içine maydanoz havuç ve soğanı koyup üzerine sıcak su ilave edip haşlayın.

Ördek etleri yumuşayınca fırın tepsisine alın 190 derecede kızarmasını bekleyin. Ara sıra haşladığınız kalan su ile ıslatın. İyice kızarınca servis tabağına alın kemiklerini çıkarın.

Yanına garnitürler;

1. Ispanak püresi: 1 kg. ıspanak, 1 fincan un, 2 su bardağı süt, 2 kaşık tereyağı, 1 tatlı kaşığı şeker,

Haşlanıp doğranmış ıspanakları tereyağında kavrulmuş soğanın içine koyup unu ilave edin. Malzeme iyice karışınca sütü ilave edip koyulaşınca tuzunu katın.

2. Elma-ayva püresi: Elma ve ayvaları ayıklayıp su ilave edip blanderdan geçirin.

3. Patates: Küp doğranmış patatesler ördek suyunda haşlanır. Kıyılmış maydanoz ilave edilir. Tüm garnitürler ayıklanmış ördeğin yanına konur ve servis edilir.

Kuzu tandır

Kasabınızdan göğüs ve kol parçalarını kemiklerinden sıyırıp alabilirsiniz. Göğüs kemiğinin üzerinden çıkan döşünü küçük parçalar halinde doğrayıp, az su ve az zeytinyağı ile kısık ateşte eritiriz. Etleri bu yağda çevire çevire kızartırız. Kızartırken doğranmış sarımsak dilimleri ve kırmızı toz biber katarız. İyice kızardıktan sonra 2 bardak sıcak su, yeterince tuz ve şeker ilave ederek düdüklüde öttükten sonra 20 dakika pişiririz.

14 Nisan Pazar günü, akşam kıyafetlerimizi giymiş hazırdık. Sevgili arkadaşım Ekru yardımcısını bana yollamıştı. O da mutfakta son hazırlıklarını tamamlıyordu. Akşama doğru saat altı gibi misafirlerimiz gelmişti. Eşimin oğlu, kızımın okul arkadaşı Dore, eşim ve ben Beyaz Ailesini kapıda karşılayarak ellerindeki hediyelerini aldık. Güzel bir çiçek aranjman, Savorozky tabakta çikolata getirmişlerdi. Geleneklerimizin hala yaşatılır olması ne kadar güzel. İki aile de son derece heyecanlı ve gergindi. Sanırım birbirimize karşı olan bir heyecandan çok çocuklarımızı memnun etme stresi idi. Oğlum işi nedeni ile aramıza geç katıldı. Önce isteme prosedürü yerine getirildi, yüzükler damadın babası tarafından takıldı. Daha sonra kahveler yudumlandı ve içki servisi başladı. Damadım rengine münhasır Beyaz Ailesinin tüm duru sıfatlarını taşıyordu. Babaanne Beyaz, tipik bir Osmanlı kadını. Niğde Bor kökenliydiler.

Yemekten sonra fazla oturmadan mesafenin uzak oluşundan dolayı izin istediler. Herkesin memnuniyetini belirttiği bu gece kızım yeteri kadar tatmin olmamış, birçok konuda beni eleştirmişti. Yaptığım yemeklerde geçmiş senelerdekilere nazaran daha başarısız bulmuş, benden belki de, bugün için daha özel bir şeyler beklemişti. Haklıydı. Bu tarz ziyafetlere uzun aralar verdiğinizde, ev ortamında da ilerleyen yaşlarla daha farklı beslenme alışkanlığına dönüldüğünden elinizin becerilerini yitirebiliyorsunuz.

Kızımın tepkisine rağmen mutluydum. Ailemize yeni üyeler katılmış, kızımı istediği bir adayla evlilik yolculuğuna uğurlamaktan dolayı huzurluydum.

En Büyük Ödül; emeğinizin neticesini yaşayabilmenizdir

Söz gecesinde yakın bir tarihte Cunda'da nişan yüzüklerini takmak için anlaştık. Çocukların aldığı kararla tarih '18 Mayıs' olarak belirlendi. Yine âdetler gereği ben damadın, dünürüm de kızımın nişan kıyafetlerini alacaktık. Bayimiz bordo yine çocuklarıma ağabeyliğini yaptı, Ayvalık'ta işletmekte olduğu otelin lokanta ve iskele kısmını nişanımız için o gece bize tahsis etti. Yemeklerin tümünü ben hazırlayacaktım. İstanbul'dan gelen misafirlerimiz de otelde iki gece misafir olacaklardı. Bu sefer kızımın eleştirilerine mahal vermemek için dersimi çok iyi çalışmıştım. Sızma Han; Ayvalık Postanesi'nin arkasında, deniz kenarında, eski yağ fabrikasından restore edilmiş bir otel. 2008 yılında 2 Mayıs'ta rahmetli annem ile babamın 68. evlilik yıldönümleri adına nikâh tazeleme töreni ile Sızma Han açılmıştı. O gün de kusursuz bir yemek daveti olmuş, TRT1'de haber olarak yayınlanmıştı.

Nişanda davetli sayısını 40 kişi olarak tespit etmiştik. Yine ana yemek et olacaktı. Nişan pastamızı adamızın tek pastanesi (Karadeniz Pastanesi) sahipleri Bej Ailesi hediye etmişti. Pasta olduğu için tatlı yapmaktan vazgeçtim.

Mezeler ve zeytinyağlılar ordövr tabağında, peynir ve salata ortaya konacak, ilerleyen saatlerde ara sıcaklar ve sonra, servisler toplanıp yeni tabaklarda ana yemek dağıtılacaktı.

Nişan programını halletmiş, cuma gecesi misafirlerimizin otele varış haberlerini öğrenmiştik. Yalnızca dünürlerimi cumartesi günü akşam evimde ağırlayacaktım. İkinci bir hazırlık da onlar için yapmıştım.

Evdeki olayım daha yalın, nişan öncesi bir ev ziyaret yemeği olacaktı. Rahmetli annemle özdeşleşmiş kebaplı patlıcanlı pilavı vardı. Bana verdiği eli bu gecede kızıma aktarmayı düşünmüştüm. Barbunya pilaki ve mercimek çorba yapmıştım. Hava şartları müsaade etmeyince, bahçede planladığım oturma düzeni evimizin bahçe katındaki mutfağa sıkıştırmak zorunda kaldık. Yemekler bitmiş, sakızlı muhallebi 'vişne dondurmalı' servisi başlamıştı. Bayan Beyaz izin isteyerek gelinine takılarını takmak istediğini söyledi. Nişanda fazla bir takı beklentisi olmaz genelde. Beyaz Ailesi kızımı bu konuda onurlandırdılar. Ayrı ayrı hazırlanıp gelmişlerdi. Kızımın elbisesine uymayacağını düşündükleri için takmak mecburiyetinde kalmasın diye bu yemekte takılarını takmışlardı. Gerçekten çok ince bir davranıştı. Nişan takıları bir emanettir. Evlilik gerçekleşmediği takdirde iade edilmelidir. Bu adettendir. Onun için derhal takılanları babamıza teslim edip kaldırmasını rica ettik.

Patlıcanlı pilav annemin özellikle yaz aylarında hafta sonu misafirleri için bıkıp usanmadan yaptığı, onunla özdeşleşmiş ziyafet yemeğiydi. Eti, sebzesi, pilavı beraber pişip sunulduğu için kalabalıkta pişirilmesi ve servisi çok pratik olmaktadır. Rahmetli anneciğim dudağından eksik olmayan sigarası, ameliyatlı beline rağmen fazla kiloları, derin bakışlı maviş gözleri ile Güzelce'deki yazlığımızın mutfağında sessizce yemeklerini sabah kimseler kalkmadan yapar, patlıcanlı pilavını uyku örtüsüne sarıp orta masasının üzerine bırakırdı. Misafirlerimiz erkenden gelirler önce mutfağı ve masanın üstünü teftiş ederlerdi. Tezgâhın üzerinde sanki makineden çıkmış gibi aynı ölçüde sarılmış zeytinyağlı yaprak sarmasını, uyku örtüsüne sarılı tencereyi görüp keyifle denizlerine girerlerdi. Mutfağın kenarında mavişimi izlediğim gibi sizlere patlıcanlı pilavı aktaracağım. Püf noktası, sabırla, sevgiyle elinizin ve gözünüzün lezzetini katarak yemeğin başında pişmektir.

Sevim Bozyiğit'in Patlıcanlı pilavı

On iki kişilik bir sofra için; annem 2 su bardağı pirinci yıkayıp süzgeçte bekletirdi. Kemer patlıcanlarını uzununa soyar, kabuğundan ince parçalar bırakırdı. Tuzlu ılık suyun içine uzun olarak kalınca doğrar, suda on dakika kadar bekletirdi. Patlıcanları havluda kurulayıp tavada kızartır, tavadan peçete üzerine çıkarırdı. Diğer tarafta bol soğanlı ince doğranmış yeşilbiber ve domateslerle kuşbaşı kuzu etini yeterince tuz ve şekerle düdüklüde pişirirdi. Kalaylı bakır pilav tenceresini eline tereyağını alıp yağlardı. Tencerenin dibine delikli kepçeyle eti yerleştirir, üzerine kızarmış ve yağı emdirilmiş patlıcanları bütün tencereyi kaplayacak şekilde dizerdi. Patlıcanları ortadan tencere kenarına doğru dik olacak şekilde yerleştirmelisiniz. Sonra pirinci içine döküp, etin tencerede kalan suyunu bardakla ölçer, yavaşça pirincin üzerinden dökerdi. İki bardak pirince üç bardak su koymak gerekir. Annem de et suyunun eksiğini su ile tamamlar, tuz ve karabiber ilave ederek tencereyi kapatır, kısık ateşte suyunu çekene kadar pişirirdi. Misafirler sofrada iken annem tencerenin üzerine kapanmış bakır sini ile gelir tencereyi başının üzerine ters çevirirdi. Babam, annemin elinden siniye dönmüş tencereyi alıp sofraya yerleştirir, tencereyi dikkatlice kaldırırdı. Sinideki görüntü muhteşemdir. Et en üste, patlıcanlarla sarılmış pilavın bir tane pirinci dahi görünmezdi. Ispatula ile pasta keser gibi servis ederdi.

Barbunya pilaki

Mevsiminde kuru fasulyeden ziyade barbunyanın pilakisini yapmak daha pratik olacaktır. Beyaz fasulye gibi ıslatmanız ve haşlamanız gerekmez. Bol arpacık soğan, bol sarımsak, verev doğranmış havuç, içine kereviz de katabilirsiniz (küçük bir adet ve genç yapraklarından) sızma zeytinyağıyla (mandalinalı tavsiye edilir) hepsi çiğden düdüklüye konur. Bir portakal suyu ilave edebilirsiniz, bir bardak su ile birer tatlı kaşığı tuz ve şeker ilave edip öttükten sonra on dakika pişirin. Serviste maydanoz yaprakları ile süsleyebilirsiniz.

Mercimek Çorbası

Mercimeği düdüklüde pişireceksek dikkatli olmamız gerekir. Yoğun nişastalı bir bakliyat olduğu için iyi yıkanmazsa fazlaca köpürüp düdüklünün sibopunu tıkayabilir. Bir bardak kırmızı mercimek (varsa sarı da eklenebilir), bir temizlenmiş havuç, bir soğan, bir patates, dört bardak su ile pişirilir. El blenderiyle pürüzsüz hale getirilir. Diğer taraftan bir çorba kaşığı un mısırözü yağı ile kavrulur. İçine bir tatlı kaşığı krema ve yavaşça su katılarak, çorbaya ilave edilir. Servis sırasında ya küp şeklinde kesilip yağda kızartılmış ekmek (üstüne kırmızıbiber de serpebilirsiniz) veya minik top köfteleri kızartıp tabaklara dökebilirsiniz.

Ertesi gün gençler gündüz denize girip dinlendiler. Ben nişan için hazırladığım yemekleri otele taşıttım. Bütün bu hazırlıklarda tek başına değildim tabii, sevgili arkadaşım Gri iki gün emeği ve sevgisi ile yanımdaydı. Nişan gecesi de, otelde mutfakta servise o kumanda etti. Bu arada arkadaşım Gri'den bahsetmeden geçmeyeceğim. Ben yaşta baştan aşağı naturel görüntüsü (tek süsü sol kulağının arkasından kısa saçına rağmen bıraktığı örgüsüdür) ile çevresinin sevgisini ve takdirini kazanmış mücadele kadını. Türk kadınlarının çoğundaki o hami konumu, ayakları üstünde durma hırsı onda da var. Onda o katı ve inatçı ruhunun altında yatan naif, hayli kırılgan asırların yorgunluğundan çökmüş bir yüce gönül de var. 'Fasulye' adında küçük bir lokantası vardı. Perşembe günleri mönüsü sabitti. Çok lezzetli yaptığı 'Kadınbudu Köfte'. Kendisinden kendı kaleminden tarifini istedim.

Grinin Kadınbudu köftesi:

Sevgili Nilgün sana tarifini yazacağıma söz verdiğim kadınbudunu nihayet kaleme alabildim.

Malzemesi

1 kg. az yağlı kıyma

2 adet büyükçe soğan

1 su bardağı ıslanmış pirinç veya bir gün önceden kalmış pilav tercih edilir

1 adet yumurta

1 tatlı kaşığı tuz

1 çay kaşığı kimyon

1 çay kaşığı kişniş

Kızartma için zeytinyağı veya fındık yağı

1 adet yumurta un ile boza kıvamına gelecek şekilde karıştırılır. Kıymanın yarısını suyla ezdikten sonra yağsız kavururuz, diğer yarısını 2 soğan rende, tuz, baharatlar ve 1 yumurta ile yoğururuz. İçine haşlanmış pirinç veya pilavı ve kavrulmuş kıymayı ilave ederek yoğurmaya devam ederiz. Küçük parçalar halinde taneler, yumurtalı una bulayıp kızgın yağa atarız. Tavayı sallayarak kızartırız. Ben genelde haşlanmış sebzeleri yanına garnitür olarak koyar servis ederim. Sevgiler canım kardeşim.

Ordövr tabağında; Çerkez tavuğu, Rus salatası, fava, çiçek dolma, biber dolma, Girit türlüsü, söğüş domates, yoğurtlu yumurta.

Ara sıcak; balık böreği, paçanga böreği, içli köfte.

Ana yemek; püre yatağında mantarlı kuzu kavurma.

Sürpriz; eşimin yaptığı çiğ köfte.

Mekân ve hava o kadar muhteşemdi ki, erken saatte orada toplanmaya başladık. Tombul kızım bir peri gibiydi. Yüzünden gülücük hiç eksilmedi (Allah eksiltmesin). Damadım ve ailesi son derece kibar ve sevgi doluydular. Her fırsatta beğenilerini belirttiler. Söze geç gelen oğlum, nişana işleri nedeniyle hiç gelememişti. Büyük oğlumuz takım kıyafetlerinin içinde belki bir ilk yaşıyordu. Bugün yüzükleri takma görevi olacaktı. Yüzükler de bugünün anlamının dışında sorumluluk yüklüydüler. Damadıma takılacak olan tek taş yüzük; babamın, çocuklarımın babasına düğünümüzde takmış olduğu yüzüktü. Ve bana kızını mutlu edebilecek bir damada takılmak üzere emanet edilmişti. Kızıma taktığımız yüzük ise, annemin hatırası olan yedi pırlanta taşlı bir alyanstı. Her iki emanetinde yerini bulduğuna inanıyorum. Sevgili arkadaşım Siklamen (Füsun) kendine has sesi ile gecemize renk katmış, misafirlerimizi coşturmuştu. İlerleyen saatlerde eşimle, suskun durmayı tercih eden dünürümüz Bay Beyaz ve tüm mutfak personeli coşarak dans ettik, eşimle beraber yaptığım twist dansı muhteşemdi.

Kıymetlim, tek kalmış atam, sevgili babam da bu güzel günde aramızdaydı. Rahatsızlığı nedeni ile oradan çıktıktan sonra belki hiçbir şey hatırlamayacak. Yardımcısı Gülfiye'nin kolunda masasına kadar yürürken 91 yıllık bir yaşamın abidesi olarak misafirlerime birçok mesajlar verecekti. Gelen dostlarım nişan ve anneliğim dışında, bir evlat olarak da beni kutladılar. Bunlar bir ego veya bir gösteriş malzemesi değildi. O gün aldığım iltifatlar, benim ödüllerim, kulağımdan, gözümden içime dolan serin berrak içeceklerin müthiş lezzetleriydi.

Ancak, nişan, düğün ve ölüm günlerinde bir araya gelebildiğimiz ağabeyim de o gün aramızdaydı. Yine yalnız ve rahatsız. Genç yaşında kendini yaşamdan emekli etmiş, kabuğunda eşi ve oğlu, torunu ile çerçevelenmiş fotoğrafında suskun ve yaralı bir kuş gibi. 'Ağabey' deyince içimin acıdığını, yaşanmamışlıkları hissediyorum. Bu gecenin bahanesi ile de olsa onun varlığını hissedebilmek de ayrı bir lezzetti.

Mükemmel bir nişan daveti olmuş herkes çok eğlenmişti. Herkesten önce kızım teşekkür etmiş, mutluluğunu dile getirmişti. Su yeşili kıyafetinin eteklerini toplayıp, ayakkabılarını çıkartıp oynadığı roman havaları hala gözümün önünde.

İlerleyen yaşıma, son dönemlerdeki kısıtlı imkanlarıma rağmen, çok mükemmel bir organizasyonu yapabilmenin bir yudum lezzetini anlatırken bile, tadı halen damağımda. DOYMAK İÇİN ÇİĞNEMEK GEREKMEZ, ÖYLE GIDALAR VARDIR Kİ, ANCAK YAŞANARAK TADINA VARILIR.

Çiçek dolma

Ege bölgesine özellikle Ayvalık'a has bir mezedir. Kabak çiçeği; kabaklar toplandığında dikkatle birbirinin içine geçirilerek hemen satılır. Çiçekler beklerse doldurulması çok zor olur. Mevsiminde ve taze bulabilirseniz yapılabilecek bir yiyecek çeşididir. Burada dolma içini kavurmadan soğan, pirinç, mandalinalı zeytinyağı, tuz, şeker, dereotu ile karıştırarak yapıyorlar. Ben soğanını az dolmalık fıstık ve dolmalık üzümle kavurarak pirincine kattım ve İstanbul usulü dolma içinden alışkanlıkla bol yenibahar koydum. Birer tatlı kaşığı içi çiçeklerin ortasına doldurup çiçek uçlarını içe doğru katlarız. Dik bir şekilde tencereye sıralar, üzerine limon dilimleri ve pirinç ölçüsüne göre bire bir buçuk su koyarak kısık ateşte pişiririz. Suyuna yarım portakal suyu ilave edebilirsiniz (zeytinyağınız mandalinalı ise, portakal sıkmanıza gerek kalmaz).

Biber dolma

Tüm dolma içlerimi bol soğanla kavurarak yaparım. Dolmalık fıstık, üzüm ve yenibahar olmazsa olmazıdır. İnce kıyılmış maydanoz, dereotu ve nanesi, malzeme pirincinle kavrulduktan sonra suyuyla beraber ilave edilir. Yeteri kadar tuz, şeker ve karabiber, yenibaharla beraber en son katılır. Pirinç miktarının bir buçuk misli suyu ikiye bölüp, yarısını içine, yarısını da dolmayı pişirirken zeytinyağı ile beraber kullanırız. Biber dolması yaparken mümkün olduğu kadar küçük, muntazam biberler seçmeliyiz. Sap kısmını içeri bastırarak yırtılan kısmından biberi bozmadan tohumlarını çıkarırız. Yıkayıp süzdükten sonra tatlı kaşığı ile dolma içimizi doldururuz. Ağzına küçük domates parçaları kapatıp dik olarak tencereye dizeriz. Bir portakal suyu, ölçüyü tamamlayacak su, mandalinalı zeytinyağı ve bol limon dilimi koyduktan sonra bir tabağı iç kapak yapıp, tencere kapağını da kapatıp kısık ateşte suyunu çekene kadar pişiririz. Aynı iç malzemesini asma yaprağı, lahana ve pazı ile de yapabiliriz. Elinizin altında asma yaprağı varsa yaptığınız dolmayı yaprağa kundaklarsanız dolmalar naturel rengiyle kalır (Yani önce tencereyi yaprakla döşeyin. Üzerini de yaprakla kapatın).

Fava

İstanbullu Rum ailelerinin evinden hiç eksik olmayan fava; kuru bakladan yapılan bir rakı mezesidir. Bol demir içerdiği için sağlıklıdır. Klasik tarifi kavrulmuş soğan ile bir gece evvelinden ıslatılmış baklalar sarımsak, tuz, şeker ve zeytinyağı katılarak pişirilir. Blenderden geçirilerek yayvan bir kapta soğutulur. Baklava şeklinde kesilip üzeri dereotu ile süslenir. Ben yaparken eğer mevsimi ise içine yaş bakla, bir havuç ve eğer mutfağımda varsa on yaprak ıspanak ve dereotu koyup, üstüne çıkana kadar su ve sarımsak, mandalinalı zeytin yağ ile düdüklüde öttükten sonra on dakika pişiriyorum. Rengi çok hoş oluyor, lezzeti bozulmuyor.

Balık ve paçanga böreği

Yufkaları uzun kesip muska halinde sararım. Malzemesini ucuna koyar boydan boya yumurtalı sos ile ıslatırım.

Yufka sosu

Yufka adedi kadar yumurta, sızma zeytinyağı yarım su bardağı (4 yufka için), 20 gr. kaymak iyice çırpılır.

Balık böreği içi

Mevsiminin yağlı olan beyaz etli balıklarından (tercihen fener, dülger, kırlangıç, lipsos veya kaya balıkları hatta levrek olabilir) alıp, içlerinde kan kalmayacak şekilde itina ile temizlenir. Üzerine çıkacak kadar su içinde 5-6 defne yaprağı, bir soğan, tuz, şeker ile pişene kadar kapağı kapalı bir şekilde kaynatılır. Suyundan çıkarılıp, iyi gören gözlerle kılçıklarından ayrılır. Diğer tarafta dolma içi yapar gibi bolca soğanı küçük keseriz, fıstık, üzüm ile zeytinyağında çeviririz. İnce doğranmış maydanoz, dereotu ve naneyi, tuz, şeker, karabiber, yenibahar ve az tarçını ilave edip karıştırır ocaktan indiririz. Ayıkladığımız balıklarla malzemeyi karıştırır, yufkaya muska şeklinde (üçgen bohça) sararız. Bol kızgın yağda kızartıp havlu kağıt üzerinde yağını emdirdikten sonra servis edebilirsiniz (Kızmış yağa börekleri attıktan sonra tavayı ateşten yükseltip ileri geri sallarız. Kabarmasını sağlayacaktır).

Paçanga böreği içi

Pastırmanın kuş gönü(bonfile) kısmından alıp çemenlerini ayıklar, jülyen (verev ince şeritler halinde) doğrarız. Taze kaşarı ince rendeleriz. Bir domatesi rendeleyip kaşarla karıştırırız. Uzun yufkamızın ucuna bu iki malzemeden koyar muska şeklinde sararız. Bol yağda sallayarak kızartır, havlu kağıtta yağını emdirip servis ederiz.

Püre

Patates, et suyu (ya da tavuk suyu), süt ile yapılan genellikle et veya tavuk yanında garnitür olarak kullanılan sağlıklı bir yiyecektir. Patates bol potasyum ve östrojen içerdiğinden sıkça tüketilmesi gereken bir besin kaynağıdır. Pişirdiğiniz etin veya tavuğun suyunda kabuğunu soyup içinde varsa renkli kısımlarını kesinlikle attığınız patatesleri haşlarız. Suyundan süzer ezeriz. Tuz, şeker ve kıvama gelecek kadar süt ilave eder kaynatırız. Patates pütürlü olursa süzgeçten geçirmekte fayda vardır. Patatesleri pişirdiğiniz suyu yağlı değilse bir çorba kaşığı kadar tereyağı ilave ederiz.

Çoban Kavurma

Kavurma Osmanlı mutfağında çokça yapılan ve çok çeşitleri olan bir tarzdır. Kışlık et ve kıyma kavurup ihtiyaç olduğu zaman kullanıldığı gibi, av hayvanlarının, kuzunun sade sebzeli ve kara kavurma denen çeşitleri de yapılabilir. Çoban kavurma kuzu etinden bol soğan, yeşilbiber ve domates ile yapılan şeklidir. Önce soğan, sarımsak ve yeşilbiberler mısırözü yağında çevrilir. Sonra et katılarak harlı ateşte suyu verdirilip çekmesi sağlanır. Tuz, şeker ve bir bardak kadar su ilave edilerek düdüklüde düdüğü öttükten sonra 15 dakika pişirilir. Püre veya pilavın ortasına koyup servis edebilirsiniz.

Ferit'in Çiğ Köftesi

Antep, Maraş, Adıyaman, Bitlis, Urfa, Adana illerimizde ufak farklılıklarla yapılan acı seven tüm halkımızın sevdiği bir yiyecektir. Ateş görmeden yoğurma ve malzeme etkisi ile yiyebilme özelliği kazandığı için uzman kimseler tarafından yapılmaz ve kaliteli malzeme kullanılmazsa sağlığımız adına zararlı olabilır. Onun için öncelikle tanıdığımız bir kasaptan kesinlikle yağsız ve sinirleri alınmış en az üç gün dinlendikten sonra çekilecek et alınmalıdır. Alındığı gün yapılmalı ve tüketilmelidir. Yarım kilo üç kere çekilmiş hiç yağsız kıyma için (geçmişte et makineden çekilmez, satırla kıyılırmış), 350 gr. (paket gramajıdır) ince köftelik bulguru kenarlı büyükçe bir siniye yayarız (piyasada dibi girintili özel çiğ köfte tepsileri satılmaktadır). 3-4 çorba kaşığı acılı güneşte kurutulmuş biber salçasını bir bardak (200 gr.) su ile inceltir bulgura yediririz. Elimizin ayasıyla ezerek yoğurup, toplar, tekrar ezerek devam ederiz. On dakika sonra eti bu harca katar yoğurmaya devam ederiz. Önceden hazırlanıp çok ince kıyılmış iki baş kuru soğanı ilave edip, yoğurmaya devam ediyoruz (yoğurma sırasında şayet soğan fazla gelirse harcın dışında kalır. Bu fazlalıkları almalıyız). Et bulgurla harman olduğunda baharatlar (kimyon, karabiber, kırmızı pul biber, kişniş, yenibahar) ilave ederek yoğururuz. Bir kasede duran zeytin yağını yavaş yavaş birer çorba kaşığı halinde katarız. Bu arada ayıklanmış ince taze soğan ve maydanozu incecik doğrar hazır ederiz. Tuz, bir çimdik şeker ve sulandırılmış domates salçası arkasından yeşilliği ilave eder, tepsinin ortasında toparlarız. Sık sık tadına bakılıp baharat, tuz ve acı kırmızıbiberli zeytinyağı ayarlaması yapmalıdır. Son turda çekirdekleri çıkartılmış dörde bölünmüş limonla yoğrulur. Üzerine nemli bir bez örtüp yirmi dakika kadar dinlendirmemiz gerekir. Servise çıkarken üzerinde parmak izleri kalacak şekilde sıkılarak tabağa dizilir.

Evet, bu tarif sevgili eşimin kızımın nişan gününde olduğu gibi özel yemeklerde yaptığı çok beğenilerek yenen çiğ köftesinin Ferit'e özel tarifidir. Acı yeme özürlü olmama rağmen ilk ekspertizini bana yaptırır. Marul yaprağına sararak kendi eliyle tadına baktırır. Her zaman muhteşem lezzette olmuştur. Yanında ezme salata veya cacık hoş olabilir.

Ben Nilgün Yurtsever, kıvanç aşure yaşamımın şekeri. Cunda-İstanbul arasında yapılan rutin yolculuklar, nefes almak adına çıktığımız kısa ama özel yurtdışı gezileri ile yaşantımız renkleniyordu. Dükkânımız nice güzel gönüllü dostlar edinmemize vesile olmuştu.

Ben, özüme inme yolculuğumun sabırlı neferi, her nefeste birçok konuda yaşadığım değişik hissiyat ve duruşlarım oluyor. Daha bir saat önce doğru bildiklerim karşısında yeni açılımlarla bambaşka bir Nilgün yaşıyorum. Yaşam programının hızı içinde zamanla yarışır, ulaştığım her yeni bilginin keyfi ve heyecanı ile mutluluktan ayaklarım adeta yerden kesilir oluyor. Evren mutfağının bir köşesinde dünya tenceresinde kaynayan zaaflardan nasibimi almaya, lezzetimi bulup özümdeki mütekamil insana ulaşmaya çalışıyorum. Son günlerde yaşadığım bir olayı size aktararak anlatmaya çalıştığım sıçramalarıma bir örnek vermek niyetim.

Hafta sonu, öğretimin içinde olan yol arkadaşlarım ile sevgi bütünlüğü adına toplandık. Dükkânımın balkonunda, imece yapılan yiyecekler ve çay eşliğinde yedi yürek koyduk düşüncelerimizi sofraya. Yedi kişinin bir araya gelmesin yarattığı manyetik auranın bilincinde sorguladık takıntılarımızı. Kendimi bildim bileli aile kavramının yüceliğini savundum. Kadın erkek ilişkilerindeki sorunların aile üzerindeki olumsuz etkisi ve hatta eşcinsellik konusundaki cevabı bulunamamış takıntılarımın kaosunu yaşadım. Kabullenme içgüdüsü ile kucakladığım eşcinsel dostlarıma karşı üzülerek ve hep bir 'ne yapma bilinci' arayışı içinde oldum. Bastırılmış tepkilerim tekamülün hızla yaşandığı bu dönemde beni rahatsız eder olmuştu. Benim sofraya koyduğum konu buydu. Eşcinsellik bir hastalık mıdır? Hızla yaygınlaşmasının sebebi nedir? gibi cümleler döküldü dudaklarımdan. Aramızda bulunan grubumuzun en eski üyelerinden olan arkadaşımızın ağzından döküldü cevapları.

"Kardeşlerim, ruhunuzun ve bilincinizin cinsiyeti var mıdır? Olabilir mi? Bir bedene sığamayacak tekamülümüzü birçok bedenlerde bu dünyada hatta farklı cinsiyetlerde yaşamış olmalıyız. Bu bedenlerin dünyaya geliş gidişleri için yapılanmış olan üreme programı bedende cinsiyet farkına gerek görmüş. Canlıyı dünya üzerine çekebilecek vibrasyonu ortaya çıkarabilecek bir enerjiyi oluşturmuş erkek ve dişinin birlikteliği. Cinsiyet farkının gereği tamamen üreme fonksiyonu içindir. Ancak insanoğlu dünyada yaşadığı tüm sıfatları deneyerek öğrenme yolculuğunda bu keyif verici vibrasyondan çok etkilenmiştir. Adeta yaşam amacı olarak nitelendirmiş, yaşamının öncelikleri arasında cinselliği ilk sıraya yerleştirmiş ve daha öteye giderek dejenere etmiştir. Bize emanet edilmiş bedenimizde tek cinsin sorumluluk ve gereklerini tam yerine getiremezken kimileri ki onları hep eşcinsel olarak öteledik, tek bedende iki cinsiyetin vecibelerini yerine getirmek için adeta savaş veriyorlar. Neden, bu çift hissiyata ve cinsel arzuya sahip olarak yaratıldılar? Dünyada var olan hiçbir şey nedensiz ve tesadüf değildir. Derinine irdelediğimizde özde tek bir bütün olan hedefteki mükemmel insanın Zeus gibi tek cinse sahip olduğu bilgisine varıyoruz. Cinselliğin tekamül arenasında çoğalmak için gerekliliğini ve artık dünya insanının kıyama yani uyanışa geçtiği bu dönemde buna ihtiyacının kalmadığını görüyoruz. Yani; kısacası, erkek kadın, her birey insan olma yolculuğunun son döneminde her iki cinsin sorumluluk ve vecibelerine sahip olmalıdır. Bugüne kadar ötelediğimiz homofobik tavırlara girdiğimiz bu arkadaşlarımız birer görevli olarak zor bir sınav vermekteler."

Bu bilgiler saatlerce aramızda konuşuldu. O gün büyük bir sıçrama yaşamıştık. İki gün sonra 8 Haziran 2015 tarihinde Amerika'da eşcinsellerin evlenebilmesi yasallaşmış, kanun çıkmıştı.

Kozmolojik tesirlerin insan üstündeki etkisi inkâr edilemez. Uzun yıllardır bir çıban gibi kabul edilen bu gibi üstü örtülmüş birçok konuda insanoğlu daha hoşgörülü, daha araştırıcı olmaya başladı. Varoluşun bir sistem olduğunun ve bu sistemin gücünün karşısında sadece bir zerre olduğumuzu düşünebilirsek tevekkülle daha pozitif düşünüp daha huzurlu yaşayabileceğimize inanıyorum.

Ve 2009 yılında tanışıp bir parçası olduğum öğretinin çatısı altında görev bilinçlerine varmış yoldaşlarım, onları kıvanç aşuremi kristal çanaklara taksim ettikten sonra yerleştirdim. Onlar hiçbir muameleye, pişmeye ihtiyacı olmayan insanlığa kendilerini adamış olgun meyve ve yemişlerdi.

Son malzememi kızım hediye etti bana. Nur tanesi, nar tanesi anneannesinin bir tanesi 14 Ekim 2014'te ailemize katıldı. Çanakların üzerine kırmızı şeffaf nar tanelerini serpiştirdim. Siz okurlarıma örnek olarak kendi yaşam aşuremi sunuyorum. Kim bilir siz okurlarımda ne lezzette aşureler gizli? Elli dokuz yıllık yaşadıklarımın üzerine nar tanelerini elime aldığımda yaşadığım mutluluk ve kıvancı sizlere aktarabilmem çok zor. Torunum sanki benim bir özetim ve yaşamımı tekrar başa sarma amacım.

Torunum Yaman neden nar? Nar öncelikle meyve olarak çok değerli bir gıda deposudur. Mitolojide nar farklı şekillerde anılır. Daha önce "Babam neden buğday?" sorusunu yanıtlarken anlattığım bir efsanede Tanrıça Demeter'in Zeus'tan olma kızı Penshepon yasaklı meyve nar ile ikna olmuş, narın cazibesine dayanamayıp yer altı dünyasına kaçmıştı. Diğer bir efsane; Anadolu Mitolojisine göre bereket ve doğurganlık tanrıçası Touros kızı Side ile birlikte Manavgat nehrinde çiçek toplamaktadır. Side çok gösterişli bir ağacın dalını kırarak çiçeğini almak ister. Kırılan yerden kırmızı kanlar akar. Side çok üzülür. Ancak artık çok geçtir. Elindeki dalla beraber orada kök salar. Kutsal nar ağacına zarar vermiş kendi de bir nar ağacı olmuştur. Bu öykü senelerce dilden dile dolaşır Manavgat nar ağaçları ile doludur. Ve oranın yerleşik halkı sahildeki küçük kasabaya Side adını vermiştir.

Üzerine kutsallık atfedilmiş, bereketin, doğurganlığın simgesi olan bu lezzetli meyvenin hikâyelerini öğrendiğimde çok etkilenmiştim. Torunum doğduğu zaman onu yaşantımın içinde nar olarak simgelemek istedim. İnsanlığa bilgisi ile güzelliği, sevgisi ve enerjisi ile yararlı olması dileğimdir.

Aşure yaşamımın yedi evresinde şekeri olan ben, Emine Nilgün Yurtsever: Kıvanç duyacağınız bir aşureyi pişirebilmek o kadar kolay bir şey değildir. Temmuz 2015, elli dokuz yaşımı bitirdiğim bugün ancak bunu başarabildiğimi sanıyorum. Hayatıma katılan birçok değerli malzemeyle denenmiş diğer aşure yaşantılarımın tecrübeleri ile yarattığım bu son tarifim, bana hediye edilmekte olan bilgi ve enerjilerin ışığında bu tariften yararlanacak nice yaşamlara ışık olacaktır. Dileğim bu ışığın ayrıntılarına vakıf olabilmeniz, tatbik etmeniz ve başkalarına yansıtmanız.

Bu ışığın detayında yatan aşuremin lezzetinin püf noktalarını isimlendirmeden geçemeyeceğim. Sonsuz sevgi (önce kendini, sonra tüm yaratılmışı), sonsuz iyi niyet (akıl-şuur-mantık içinde), sonsuz sabır, özgecilik, önceliklerinin bilincine ermek, görev ve zaman bilinci, her şeyi olduğu gibi kabullenmek ve düşmanını dahi bağrına basabilmek, kimseyi ötelememek, bütünde bir olabilme bilinci içinde sürekli hamd etmek.

❀❀❀

Aşurenin tarihçesi, pişirilişi derken insanoğlunun yaşamının aşure ile olan benzeşmesi neticesinde aşure malzemelerinin mitolojik öyküleri çıktı karşımıza. Kitabım altı aylık bir araştırma neticesinde sanırım okuyanları kendi aşure yaşamlarını düşündürmeye itecek bir şekle girdi. Şimdi sizlere daha farklı bir boyutta düşündürecek bir aşurenin hikâyesini aktaracağım.

İçinde bulunduğum bir öğretinin rehber bilgilerinin ışığında ortaya çıkacak olan bu yiyecek, ne kadar kurgu gibi görülse de realitenin ta kendisi olduğuna inanıyorum.

Herhangi bir varlığın neslini toptan yok ettiğimizde yaşamın dengelerinin bozulacağının farkındayız. Hiçbir şeyi umursamayalım, sorgulamayalım. Öğrendiğimiz, bildiğimizle yetinip yaşayalım. Bir gün öleceğiz. Ya sonra?

Bütün bu yaşayan çeşitlilik içinde biz oluşumun neresindeyiz? Hep bir doğru arayışı ve savunması içindeyiz. Savunduğumuz doğrular kime ve neye göre doğru?

Şimdi tarifini vereceğim evrensel aşure, içinde bu soruların cevaplarını ve kendinizi bulmanız için yazıldı.

EVREN AŞURESİ

Daha uzayda dünya ve yaşam yokken, ışık bedenlerin oluşturduğu Atlanta medeniyeti hüküm sürüyordu. Atlantalıların ataları tarafından oluşturulmuş evren yasasının programında nötr bir bilinç ile yaşıyorlarmış. Ne zaman ki, bireysel düşünmeye, düşünce gücünü kullanmaya başlamışlar, evrensel enerjiden vazgeçerek kendi boyut enerjilerini tercih etmişler, toplulukta düzen de bozulmaya başlamış.

İçinde bulunduğum öğretide rehberliğinden yararlandığımız 'Bilgi Kitabı' fasikül 28, sayfa 361'de şöyle yazmaktadır.

> "Dostlarımız,
>
> İlahi planların ileri düzenlerini kuranlar, bugünkü güçleri ellerinde tutanlar ve ileri çağların düzenlerini kuranlar Atlantalılar'dır. Onlar çok ileri bir uygarlık, çok ileri bir teknolojiye sahip, henüz bilinmeyen güneş sistemlerinin kurucularıdır."

Atlanta medeniyeti sakinleri ilerleyen zamanlarda evrensel enerji yerine kendi düşünce güçlerini kullanmaya başlayınca öz hasletlerden uzaklaşmışlar. Aralarında bu dejenerasyona uğramayan Atlantalılar değişik nedeniyetler kurmaya başlamışlar. Bunlardan biri de dünyamızda su altında kurulan Atlantis uygarlığı. Atlantalıların ataları tarafından düzenlenmiş olan evren anayasasının ışığında çok ileri düzeyde yaşayan bu uygarlık zaman içinde evren anayasasının maddelerinin yanlış algılanması ile en değer verdikleri aile kavramını zedelemişler. Atlantis medeniyetinin yıkılışı dünyamızda yaşanan Sodom Gomore misali sapkınlıklar neticesinde olmuş. Bu zaaflara kapılmayan 600 ruhban sınıfı üyesi kaçarak şelalelerin altında bir mağaraya sığınmışlar, dünyaya 600 değerli kitap hediye etmişlerdir. Dünyada hedeflenen yeni düzenin kurulmasına ışık tutmaktır amaç. Bu kitaplarda bir düstur vardır. Bu düstur; ilk kuruluşta evrenlerden önce var olan ileri medeniyet elçileri tarafından hazırlanan ilk Anayasa'dır.

Bilgi Kitabı'ndan alınmıştır:

Bilgi Kitabı'nın 362. sayfasında anayasanın ilk maddeleri şöyle yazılmaktadır:

1- *Sen kimsen kardeşin de odur.*

2- *Analar, bütün çocukların anaları; babalar, bütün çocukların babalarıdır.*

3- *Bir lokmada, bir buğday tanesi hak geçirilemez.*

4- *Her şey, herkese eşit dağıtılacaktır.*

5- *Sevgisini etrafına yaymayan, enerjisini özüne akıtmayan kişi, ölümsüzlük perdesinin ötesine geçirilir. Varoluş düsturuna sevk edilir (reenkarnasyon ve karma programı).*

Anayasadaki bu düsturda her çocuğa, kendi çocuğun kadar sahip çıkma hasleti vurgulanmaktadır. Ancak düşünce gücü devreye girdiğinde bu haslet yanlış algılanmış sapkınlıklar başlamıştır.

Bilgi kitabı 361. sayfanın sonunda;

"Atlantis'in yıkılış nedeni, aynen Sodom ve Gomore dönemine benzer," diye yazar.

Sodom ve Gomore İsrail'deki Şeria Irmağı'nın iki yanında Afrika'ya kadar uzanan verimli topraklar üzerinde iki şehirdir. M.Ö. 1500-2000 arasında Tanrı tarafından büyük afetlerle yok edilir. Lut ve Hz. İbrahim kavimleri döneminde Allah tarafından kulları arasında yayılan sapkınlıklardan dolayı uyarılırlar. Uyarılara uyulmaz. Bu bilgiye Kuran'da Araf Suresi'nde de yer verilmiştir.

"Ben size kadınlarınıza sahip çıkın dedim, siz erkeklerin peşinden gittiniz." Araf Suresi

Lut'un karısı dahil tüm kavim bereketli topraklarla suların altına gömülmüştür. Bu olay dünyada yaşayan tüm insanoğluna bir ibrettir. Bilgi kitabının verdiği bilgiye göre Atlantis uygarlığının da akıbeti böyle olmuştur.

Atlanta Medeniyeti'nde dejenerasyon neticesi medeniyetin yönetim kadrosu tüm yaşanmışlık bilgilerini, yüksek teknolojilerini 18 sistem yasaları olarak adlandırılan Evren Anayasa'sını bir çipe yükleyerek bir tünelden uzay boşluğuna fırlatır. Amaç bu bilgilerin yükleneceği bir kaba maddeyi ve yaşam programını tekrar başlatmaktır. Uzayda oluşan 'Bing-Bang'lerle birçok kaba madde meydana gelmiştir. İlk ateş topu halinde oluşup kabuklaşan planet dünyamızdır.

Dünyamız için Bilgi Kitabı'nda, "Dünya cezalı bir planettir. İnsanoğlunun ilk giriş ve son çıkış kapısıdır," denir.

Tüm sistem şu dönemde küçük bir zerresine ulaşabildiğimiz teknolojinin yansıması ile insanlığı evrime almıştır. Bilgisayar kullananların bildiği gibi tüm işlemlerin yapılabilmesi için bir veri tabanı vardır. Bizler değiştirilmesi olanaksız olan bu veri tabanının, bizi yönlendirmesi ile gerekli bilgileri girerek istediğimize ulaşırız. Aynen evrende bu sistem gibi çalışmaktadır. Bir programın içinde istenileni layığıyla verebilirsek (gerçek insan olmak için gerekenler) tüm evrensel program önümüze açılacaktır.

Şimdi tarifini aktaracağım evren aşuresinin kalaylı bakır tenceresidir Dünya. Dünya Atlanta boyutundaki yüksek enerji, yüksek bilgi ve hasletlerden oluşmuş doğal bir hazinedir. Güçlüdür ve görevlidir. Üzerinde tüm bilgisini yükleyeceği kaba maddeye (insanoğlu) sahne olacaktır.

İnsanoğluna evrimine yardım etme ve evrimini hızlandırma adına sistemden birçok yardımlar gelmiştir. Kozmik enerjiler, tesirler, ve din bilgileri ile uyarılmışlardır. Sistemden yapılan bu yardımların geldiği kanal Alfa'dır. Amaç, yaratılacak olan insanoğlunun kaba maddesine tüm hasletleri, zaafları deneyerek işlemektir. Evren anayasasına uygun hücre bilinçleri; ruhi, bedeni ve şuuri tekamülü bir bütün haline getirerek oluşturmaktır. Evren aşuremiz Dünya tenceresinde Alfa kanalının enerjisi ile pişecek. İçinde malzeme olan zaaflar, kepçesi olan bilgi kitabı ile harmanlanıp tadını bulacak. Vardığı tat İnsan'dır.

Evrensel beyin gücünü galebe çalan düşünce gücü, Bilgi Kitabı'nda anti madde diye bahseder, pozitif vasıflara ulaşmak için negatifleri denemek üzere insanoğlunu evrime sokmuştur. Bu vasıflar ki, insan olmak için gereken hasletlerdir; bir yaşam sürecine sığmayacak kadar zorlu ve çoktur. Onun için birçok kereler dünya yaşamına gelmek gerekmiştir. İşte bu yeniden bedenlenme olayına reenkarnasyon denmiştir. Tüm din kitaplarında bu bilgiye yer verilmiştir. Kuran'da Bakara Suresi'nin 28. ayetinde "Allah'ı nasıl inkâr edersiniz ki, ölü idiniz sizi diriltti. Sonra sizleri yine öldürecek, sonra yine diriltecek. Sonra da döndürülüp ona götürüleceksiniz," der. Ancak bu kadar açık bir bilgiyi insanoğlu anlamazlıktan gelmiş, çoğu kişi reenkarnasyonu (yeniden doğuş) inkâr etmiştir.

Evren aşuresinin pişmesinde Alfa kanalı tüm enerjisi ile insanoğlunun insan olma yolculuğunda görevini yapmıştır. Dünya, sistemin tüm bilgisi ile yoğrulmuş güçlü bir tenceredir. Saf bilinçle insanoğlu önceleri bildikleri ile egosunun esiri olmuş, dünyasal zevklere ve çıkarlara tamah etmiştir. Zaaflar bir zincir halinde insanoğlunun gözünü boyamış her birey kendi düşünce gücü ile kendi doğrusunu yaşamaya başlamıştır (Düşünce gücünün nefse yenik düşerek insanoğlunu soktuğu sınavlar).

Ego, evrensel aşurenin ilk malzemelerinden biridir. Zaafları yaşayan bilinçler eksik, yanlış veya donanımsız değildir. Her bilinç hasletlere sahip olmak, insan gibi insan olmak için bu sınavlardan geçmek zorundadır. İyiyi algılayabilmek için kötüyü tanımak gerekir. Her doğru ulaşıldığı an bizim özümüze işlenir. Daha sonra yaşarken o olguyu düşünme gereği dahi duymayız. O bilgi artık bizde saklıdır. Yaşarken gereğini yapar ve açığa çıkar. Hepimiz yalan söyledik, katlettik, sapkınlıkları denedik, sabırsız, hoşgörüsüz ve korkaktık. Bu zaafları yaşarken yanlış olduğunun bilincinde olmadık. Şu an sahip olduğumuz tüm güzel vasıflar deneyimlerimiz neticesinde ulaştığımız güzelliklerdir.

Ego zaafların içinde en tehlikeli olanlardan biridir. Ne kadar egolu olduğumuzun bilincinde olmadan göğsümüzü gere gere dolaşırız. Kendimizi de hiç ego sahibi olarak görmeyiz. Nice enkarnelerde başa çıkamadığımız, elimizde bir baston gibi taşıyıp ondan güç aldığımız güçlü bir zaaftır ego.

Öğretimiz yardımlaşmak üzerine uyarılarda bulunur. Yardımlaşmak güzel bir haslettir. Ancak, ihtiyaç sahiplerine imkânlarınızı sunarken kararını ve şeklini gereği gibi yapmazsak bu hem ego, hem de karşımızdaki kişinin tekamülüne engel olmaktır. 'Ben saçımı süpürge ettim.', 'Ömrümü ona adadım.', 'Yemedim yedirdim.', 'Ben olmasaydım sürünüyordu,' gibi ağızdan çıkan sözler kişinin bencilliğini göstermekten başka hiçbir anlamı taşımaz. İnsanoğlu önce kendi, sonra sorumluluğunu yüklendiği her şeyin yaşamı için gerekenlere ulaşma çabasında olmalıdır. Çevresindekiler sadece destek olabilirler. Bu da karşılık beklemeden yapılmalıdır. İhtiyaçlara ulaşma yolculuğu her bireyin sınavıdır. Önüne imkânlar sunulduğunda bu yolculuk durur. Ertelenir.

Donanımlı, görevli bilinçler sahip oldukları bilgi ve yetilerin ışığında ego çıkmazına çok rahat düşerler. Tarih bu bilgiye verilecek birçok örneklerle doludur.

Ego evren aşuresinin en temel malzemelerinden buğdayla özdeşleşmiştir.

'Yurtta sulh, Cihanda sulh', 'Biz kimsenin düşmanı değiliz, yalnız insanlığın düşmanı olanların karşısındayız', 'İki Mustafa Kemal vardır. Biri ben; et ve kemik, geçici Mustafa Kemal. İkincisi onu ben diye ifade edemem ben değil "biz"dir. Benim fikirlerimi kelam eden herkes Mustafa Kemal'dir.

Bu cümleler de egodan uzak bir liderin, Mustafa Kemal Atatürk'ün sözleridir.

Atatürk de sistemden görevli olarak dünyaya gelmiş yüce bir bilinçtir. Sahip olduğu bilgilerin, yetkilerin ve görünmez güçlerin egosuna kapılmamıştır. İnsanın evriminde görevli bir ülkeye Anadolu topraklarına sahip Türk halkına kurtuluş programını tatbik etmiştir. Atatürk evren aşuresinin içinde pişmeye ihtiyacı olmayan bir malzemeyi simgelemektedir. Dünya tenceresinde zaaflar pişip tadına vardıktan sonra yaradılış programına sunulmak üzere altın kâseye bir bütün olarak boşaltıldığında üzerine konan süslerinden cevizdir Mustafa Kemal Atatürk.

Evren aşuremizin bir diğer malzemesi; korkudur. İnsan bedeni yaradılışın bir mucizesidir. En değerli organı beyindir. Zarar gördüğü an geriye dönüşü ve alternatifi olamayan bir organdır. Korku karşısında beyin böbreküstü bezlerini alarma geçirir. Tüm organları korumaya alacak bir salgı neşreder. Bu feromon ve adrenalindir. Bu salgının damarlara ve sinir uçlarına yaptığı etki ile vücutta kasılma ve refleksler artar güçlendiğinizi hisseder ve içgüdüsel saldırı eşiğiniz yükselir. Bedende oluşan bu trafik tüm düzeni altüst eder. Korkunun yarattığı bu dengesizlik tekrarlandığında tepkiler rahatsızlığa dönüşür. Kısacası yaşantınız zehir olur.

Halbuki insan doğanın en güçlü yaratığıdır. Korkular, şartlanmışlıklar onun en büyük düşmanıdır. Hem fiziksel alacağımız zararlar, hem de ruhsal problemlerimiz yaşam yolculuğumuzdaki ilerlememizi engelleyecektir.

Hayvanlardan korktuğu için gideceği yerleri sınırlayan, uçaktan korktuğu için birçok iş imkânlarını reddeden, aldatılmaktan korktuğu için ciddi hiçbir ilişkiye giremeyen, yanlış yapmaktan korktuğu için elektronik ve teknolojik tüm imkanlardan uzak yaşayan birçok insan var çevremizde. Korkuları adeta onları ayağından toprağa prangalamış, esir etmiştir. Böyle bir yaşam normal olabilir mi? Bunun çözümü yaradılışın en büyük mucizesi olan insanın kendine güvenmesi ile mümkündür. Ve yaşamdaki her şeyi olduğu gibi kabul etmek, yaşanacak acı da olsa her olayda bizim yararımıza bir neticenin çıkacağından emin olmak bizi bu prangadan kurtaracaktır.

Evren aşuresinin en zor pişen malzemelerinden biridir, korku. Beyaz fasulyeyle özdeşleşmiştir.

Aşuremizin olmazsa olmaz malzemelerinden bir diğeri nohuttur. Nohudu keyif verici maddeler simgelemektedir. Bunlar insanoğlunun önüne sunulmuş tuzaklardır. Öz bilincimizi ruhsal enerjimizle harmanlayıp tüm sıfatların en olumlu üst sınırına ulaşmak yolculuğu o kadar kolay ve kısa bir süreç değildir. Bu yolculukta bizi taşıyacak kaba maddemiz yani bedenimiz bize teslim edilmiş, ayrı bir sınav argümanıdır. Çakıllı taşlarla dolu yaşam yolculuğumuzda bizi dinlendirecek, belki sorunları unutturacak yani keyiflendirecek maddeler vardır. Başta alkol, sigara, uyuşturucu ve seks gibi. Alınan mükeyyifat bizi rahatlattığı gibi öncelikle beynimizde olmak üzere organlarımızda tahribata neden olmaktadır. Bunun bilincinde olup bu malzemeleri kullanmaya devam etmek de ayrı bir gaflettir. Bu gafletimiz de kaynamaktadır evren aşuresinin içinde. Bu mükeyyifat içinde seks yani cinsellik içgüdüsünün insanoğluna verilmiş en önemli görev; üremenin bir gereği olduğunu unutmamalıyız. Seks ile ulaşılan orgazm insanoğlunun ulaştığı en yüksek sıçrama enerjisidir. Bu enerjiyi bilinçli tüketip, yaşam enerjisine dönüştürebilmek ulaşabilinecek en önemli hasletlerden biridir.

Şimdi bu malzemeleri (zaafları) pişirmek için gerekli en önemli malzemeyi katalım dünya tenceremize. Su. Su, bilgidir. Bilgi sonsuzdur. Bilgi kullanılış şekline göre yarar da, zarar da verebilir.

Bilginin dünyaya sınırsız açıldığı dönemlerde Mısır'da İskenderiye şehrinde Büyük İskender tarafından çok büyük bir kütüphane yaptırılmıştır. Tarihi bulgular bu kütüphanenin birçok bilim adamına araştırma merkezi olduğunu kanıtlar. Büyük kapalı bir alan anatomi salonu olarak kullanılmış, insan bedeni üzerinde çalışmalar yapılmış. 900 bin adet papirüse yazılmış el yazması bilgisine ulaşılmış. Bilgi kitabında verilen bilgilere göre o dönemde şu anda ulaştığımız teknoloji, teknik, bilgi hatta uzayda araştırma yapan uydular vardı. Ancak başta firavunlar olmak üzere bu bilgilere sahip insanların henüz insanlık programı ile ilgili bilinçleri gelişmediği için bilgiler yanlış amaçlarda kullanıldı. Büyük İskender'in ölümünden sonra M.Ö. 332 kütüphane Ptolemaios hanedanının eline geçti. Ptolemaios kendini fravun ilan edip, öz kız kardeşi ile evlendi. Sapkınlıklar, kargaşa mısırda had safhadaydı ki kütüphane yanarak yerle bir oldu. Tüm bilgiler o yangında yok oldu.

O yangından beri bilgi insanoğluna hak ettiği ve algılayabildiği kadarı ile tedricen verilmekte. Bilgi, çok değerli. Doğru kullanılmalı. Bilgi yanlış yorumları ile ve kötü amaçlarla kullanılarak dünya tenceresinde diğer zaafları pişirecek su olmuştur. Bu acılı süreç ile insanoğlu evrime alınmış.

Suyla beraber aşuremizin akıcılığını sağlayacak ve malzemelerin pişmesine yardımcı olacak bir diğer malzememiz süttür. Evren aşuremizde sütü temsil eden zaaf 'vicdan'dır. Vicdan saf hali ile insanoğlunda var olan en değerli rehber, elinde kullanacağı altın asasıdır. Ancak akıl, mantık, şuur çerçevesinden çıkıp nefse ve dünyasal keyiflere yenik düştüğü zaman tehlikeli bir zafiyet haline dönüşür. Vicdanı ne kadar temiz tutar ve onun sesi ile hareket edersek insan olma yolunda o kadar çabuk yol alırız diye düşünüyorum. Bazen hissi zafiyetlerimiz vicdanımızın önüne geçerek bize yanlış kararlar da aldırabilir. Yakın bir geçmişte bu konuya örnek teşkil edecek bir olay yaşadım. Bunu aktarmak istiyorum.

Kedilerin ve köpeklerin çok olduğu bir adada yaşıyorum. Hayvanlarla ilişkiler konusunda epey değişik senaryolar yaşadık. Adadaki hayvanları görüp buraya gelmekten pişman olan, otel odasına hapis kalanlar, ellerinde delikli su petleri ile dolaşanlara karşı sopalarla dolaşanlar veya tam tersi çantasında mama ile dolaşıp her köşe başında hayvan besleyenler ve daha birçok manzara. Dört sene önce dükkânımın önünde oldukça bakımsız, bir deri bir kemik kalmış sarı damalı tüylü hamile bir kedi peydah oldu. Esnaf arkadaşlarla adını Şaziye taktık. Ortak bakımımızla şişmanladı, tüyleri parladı ve beş yavrusu oldu. Kış günü küçük yavrular ıslanmasın, boğulmasın diye uyku uyumadık oradan oraya kutu içinde taşıyıp baktık. Aşıları, maması derken emzikten kurtulunca yavruları dağıttık. Şaziye dükkânımızdan çıkmaz oldu. Bebekli dönemi çok zor bir süreçti. Yaşının da ileri olduğunu veteriner arkadaşımızdan öğrenince kısırlaştırıp sahiplendim. Dükkânımızın maskotu olmuştu. Geceleri dışarıda geçiriyor, gündüz koltukta keyif yapıyordu. İlk günden beri burnunun ucunda küçük, geçmeyen bir yarası vardı. Geçtiğimiz yaz bu yara bayağı büyüyerek onu da, bizi de rahatsız etmeye başladı. Veteriner arkadaşımız burun ülseri teşhisi koydu ve kendi yerinde bir hafta tedavisini yapıp gözlemledi. İyileşmesinin mümkün olmadığını gittikçe burnunun yok olup diğer organlara da sıçrayacağını söyledi. Yaz boyu onun acısına tanık olarak üzüntü ile geçirdik. Gören herkes uyutun yazık bu hayvana diyorlardı. Allah'ın verdiği canın alınmasına ben nasıl karar verirdim? Vicdanım bu konuda rahatsız ve kararsızdı. On beş günlük bir kış seyahatinden dönüşte gördüğüm manzara çok içler acısıydı. Burun tamamen yok olmuş yüzüne zor bakıyordum. Beni görünce kucağıma atladı. Kendini temizleyemediği için çok kötü kokuyor, zayıflamış ve düşkün bir halde kısık bir sesle miyavlıyordu. Sarıldım. İçim acıyordu. "Tanrım ne yapma bilincinde değilim. Sevgim, bilincim, mantığım savaşıyor. Senin işine karışmalı mıyım? Bu zor bir sınav. Biliyorum bu sınavları bir sen olabilme adına geçmeliyiz. Böyle bir acının karşısında metin olup, gereğine karar vermeliyiz. Bana yardım et Tanrım. Bir işaret lütfen," diyerek, zorlu bir güne başlamıştım. Elinde hortumla diğer beslediğim kedileri binamızdan uzaklaştırmaya çalışan komşum yüksek sesle sıkıntılarını dile getiriyor, bana duyurmaya çalışıyordu. "Her taraf bunların pisliğinden kokuyor. Senin burunsuz kalorifer kazanının altında uyumuş, pislemiş. Bulursam öldüreceğim onu. Ben de, sen de günaha gireceğiz," dediği anda, ben mesajımı almıştım. Bir gün birileri Şaziye'nin canını acıtarak öldürecekti. Hemen veteriner arkadaşıma telefon edip onun da fikrini sordum. Şimdiye kadar bunun yapılması gerektiğini söyledi. O gün eskilerin deyimi ile bağrıma taş basıp ötenazi kararı aldık. Hayvanlara düşkünlüğüm, Şaziye'ye olan dünyevi sevgi bağım çok uzun zamandır onun acı içinde yaşamasına neden olmuştu. Bu hassas bir karar ve üstünde çeşitli yorumları taşıyacak bir vebaldi. Bu karar benim yaşantımda karşılaştığım benzeri olaylardaki kaçışlarımın, göz kapamalarımın neticede bilinçli bir şekilde realiteye varmasıydı. Olaylara hissiyatı katmadan nötr bakış duruşuydu.

Vicdanı sütle özdeşleştirmem bundandı. Öyle nazik bozulmaya meyyal dikkatle taşınması gereken aslında temizliği temsil eden ancak çok kolay pislenen bir malzeme. Besleyici. Vicdan da, insanoğlunun insan olma yolundaki en kuvvetli ve riskli besin maddesidir. Tıpkı süt gibi.

Neden yalan söyleriz? Doğru olmadığını bile bile kelam ettiğimiz sözcüklerdir yalan. Çoğu zaman bahanelerimiz vardır. Niyet kötülük yapmak değildir. Hatta iyilik yaptığımızı düşünürüz. Adına da pembe yalan ya da beyaz yalan deriz. Neticede oluşacak tatsızlıkları engellemek için söyler ve gururla idare ettim işte diye böbürleniriz. Birilerine sırdaş olmaktır bahanemiz. Veya yaranmaktır birilerine. Önce abartır, daha sonra işin şirazesi bozuldu mu olayları değiştiriveririz. Her abartı yalanı, her yalan bir diğer yalanı doğurur. Bazen söylediğimiz yalanlar tekrarlandıkça doğrular gerçekliğini yitirir ve kendi yalanımıza inanmış oluruz. Bilinçli olarak kötü netice doğuracağını düşünerek de yalan söylenir. Burada kötü niyet yalanın önüne geçer.

İyi niyet altında söylenen her yalan yaradılış programına ortak olmak, çevremizdekilerin tekamülünü engellemektir. Böyle bir şeye hakkımız yoktur. Acılar gerektiğinde yaşanacak, çareler üretilip yaşamayanlara yansıtılacak ve bu şekilde realiteye varılacaktır. Yalan bu yoldaki çakıl taşları hatta kayalardır.

Bu zaafla ilgili bir duyumumu aktarmak istiyorum. Tanınmış bir aileden bahsedeceğim ancak isimlerini aktarmam doğru olmayacak. Bayan geç yaşında evlenir. Anne olmaktır tek dileği. Evlendiği baba adayı da oldukça varlıklı ve kültürlü bir ailedendir. Ancak bir türlü hamile kalamaz. Kendisinde bir problem olmadığından emindir. Bu sırada eskiden tanıdığı ve sevdiği ancak ilişkisini devam ettiremediği bir arkadaşı ile karşılaşır. Beraber yaşadıkları birkaç günlük sır kaçamakları neticesinde bayan hamile kalır. Evliliği içinde hiçbir şüphe uyanmadan ve kaçamak arkadaşının haberi olmadan kızını doğurur. Kızı büyür, ortaokul çağında başarılı, güzel bir genç kız olmuştur. Bir seyahatleri sırasında tutulduğu öksürük nöbetleri tetkikinde alerjik astım teşhisi konur. Yapılan onca test alerji sebebini ortaya çıkaramamıştır. Doktorlar ailede muhakkak ipucu verecek genetik bir alerji nedeni üzerinde dururlar. Ailede böyle bir rahatsızlık tespit edilemez. Tüm imkânlar seferber edilmiş neticeye ulaşılamamıştır. Yirmi yaşına geldiğinde bayan tek evladını toprağa verirken tüm dostları ve eski sevgilisi (kızının gerçek babası) da oradadır. Bayana taziyesini sunarken ölüm nedenini sorar. Duyduğunda aynı rahatsızlığın onun oğlunda da görüldüğünü, aileden gelen kuştüyüne olan alerji nedeninin tespit edildiğini söyler. Oğlunun yaşamı boyunca kullanacağı bir ilaçla öksürük krizlerine yakalanmadığını anlatır. İçinde sakladığı bir sırrı kızının ölümüne neden olmuştur.

Pirinç taneleri de yemeğin içine katıldı mı onları toplamanız çok zordur. Aynen yaşamınıza katılan yalanlar gibi. Pirinç onun için yalan zaafı ile özdeşleşmiştir.

Evren aşuresinin en göze gözüken malzemelerinden biri de kuru kayısı ile benzeşen kıskançlıktır. Bilgi Kitabı 12. Fasikül 149. sayfada bu konu ile ilgili şöyle demektedir:

"Bir de kıskançlık duygusu vardır. O da aynı ego gibi, iyi yönde kullanılırsa, sizi çok ileri hamlelere hazırlar. Aslında kıskançlık, insanın kendinde gördüğü eksikliğin burukluğundan başka bir şey değildir. Sizden daha mütekamil birisini görüp onun gibi olmaya gayret sarf etmek, olumlu yolda hissedilen bir kıskançlıktır.

Bir de bunun aksi bir kıskançlık vardır. Kendi hiçbir gayret sarf etmez, erişemediği kimseleri cemiyet ve insanlık indinde küçük düşürerek, onların sırtına basarak, yükselmeyi tercih eder. İşte bu kıskançlığın en olumsuz yönüdür.

Doğada en hakir gördüğünüz canlı da bile, böyle bir duyguyu bulamazsınız."

Kıskançlık böyle iki ucu sivri bir değnek gibi bilinçaltımızda eksiklerimizle karşılaştıkça kendini hissettirir. Bir yandan duyguları, diğer yandan bilinci dürterek bazen yapmak ve söylemek istemediğiniz şeylere sizi itekler.

Evren mutfağında, dünya tenceresinde ego, korku, yalan, bilgi, vicdan, mükeffiyat, kıskançlık gibi daha birçok zaaf alfa ateşinin gücü ile pişmekte. Ortaya çıkacak hasletlerin bütünlüğü insanoğlunun insana ulaşma yolculuğudur. Evren aşuremize tadını veren insanoğlu ise şekerdir.

İnsanoğlu bu zaaflarla pişerek tekamülünü tamamladığında kaynağa akıp gerçek mekânında bambaşka bir düzenin parçası olarak yaşamına devam edecektir.

Bu arenada sınavlarımızı verirken, bizi yaratan sistemin güvencesinde her konumda olumlu düşünce üreterek sonsuz sevgi, sonsuz iyi niyet ve sonsuz sabırla "insan olmaya" var mısınız arkadaşlar?

❀ ❀ ❀

Kitabımın son kısımlarına geldiğim şu an kendime dönüp bir soru sordum. "Söyle bakalım Bayan Mor; yaşamın boyunca aldığın bunca lezzetten bahsedersin, sende iz bırakan en üst düzeydeki lezzetin hangisidir?"

Bunun için fazla düşünmem gerekmedi. Birbirinden düzeyini ayıramayacağım iki büyük lezzetim en doruk noktada yaşadığım hazlardır.

1. Birincisi; iki çocuğumun doğum anları.
2. İkincisi rüyamda Tanrı'yla buluşup yaşadığım büyük aşk.

Ana Olmanın Hazzı

Ana olmak çok büyük sorumluluk, risk ve ömür boyu paylaşım programı yüklü bir olgu. Bunların bilincinde 'ana' olmaya karar verip, dokuz ay on gün bedeninde onu büyütüp beslemek, vücudunuza verdiği tüm zararlara tahammül göstermek de cabası. Bu öyle bir içgüdüsel çekim ki, ne varlığının getireceği yük ve problemler, ne de hamilelik sürecindeki sıkıntılar sizi ona sahip olmaktan vazgeçiremiyor. Dahası doğum anında çekilen büyük bir acı var. Ancak bütün bunların farkında olup, kabullenen anne adayının önceden tahmin edemeyeceği ödül, çocuğun annenin bedenini terk ediş anıdır. O büyük acı ve mücadelenin ardından bedeninizi terk eden yük, bir ağlama sesi ile dünyaya gözünü açarken annenin yaşadığı üst düzeyde sıçrama, kadının cinsel hazzının belki bin katı bir vibrasyona tekabül eder. Bu haz içten dışa atılan bir enerji topudur. Ben bu hazzı iki sefer yaşadım. Tanrım bana sağlıklı normal doğuma izin verdiği için çok şanslıyım. Gerçekten sağlık açısından çok gerekmedikçe sezaryene yönelmemek gerektiğini savunuyorum.

İki doğumumda da çocuklarımı kucağıma aldığımda, kendi sütümle beslediğimde evrenin en mükemmel yaratığı olduğum duygusuna kapılmıştım. Bu ne güzel, ne onurlu ve ne saygın bir gerçekti. Bu dünyaya iki sağlıklı insan hediye etmiştim.

Yüzlerce Enerji Topu doğurdum ve Tanrı Aşkına Ulaştım

İkinci eş değerde, lezzetimde rüyamda bana yaşattırıldı. Bunu anlatabilmek çok zor. Yine çocuklarımla ilgili acabalarda olduğum bir gün, Tanrı'ma onları emanet edip, sıkıntılarımı paylaştım. Gecesinde, cevaplarını bana rüyamda yaşatarak verdiler. Kafama takılan sorunların benim geçmişimde veya daha önceki yaşantılarımda kilit altına aldığım cinsel baskı ve cevabını bulamadığım ötelediğim konular olduğunu gördüm (Bu arada, ötelediğiniz sorunlarınızı halletmeden bu dünyadan göçerseniz, çocuklarınıza bunları halletmeleri gereği gibi bir sorumluluk bırakmış olacaksınız). Bunları yaşamadan temizlemek mümkün değildi. Ben bir gecede bu arınmayı yaptım birçok kereler uyanıp dünyada olup olmadığımı kendime sorgulayarak tekrar derinlere, kaynağa akıp sanki bir mıknatıs ile alev tarlalarının içine çekildim. Ve neticesinde o büyük gücün, Tanrı'mın aşkına ulaştım. Rüyamda yüzlerce doğum yaptım. Hepsi birer enerji topuydu. Öyle bir geceydi ki, sahibimizin kendi özümüz olduğu gerçeği ile özümüzdeki enerjiyi keşfetmenin doruk noktasına ulaşmıştım. Tüm insanlığa bu deneyimi yaşamalarını Allah nasip etsin.

Damağımda İz Bırakmış Lezzetlerden Bir Demet

Bu yaşa kadar yemek konusunda hiçbir ayrım yapmadan lezzeti hoşuma giden, acı olmayan (acıya karşı alerjim olduğu için), her türlü eti, deniz ürününü, toprakta yetişen her şeyi yemişimdir. Çoğunun yapılışını öğrenmiş denemişimdir. Şimdi, yaşımız gereği daha seçici ve az miktarda yer olduk. Özellikle çeşit konusunda daha duyarlı davranıyorum. Öğünlerde tek veya en fazla iki çeşit yemeği tüketmeye gayret ediyorum. Yemekleri mümkün olduğu kadar az miktarlarda pişiriyorum. Taze tüketmenin artık keyfini yaşıyoruz. Damağımda henüz lezzeti kaybolmamış sevdiğim bir yemeğin son olarak yediğim elden tarifini vereceğim. Bizimle beraber Cunda'da 12 sene evvel açılmış olan bir lokanta var: 'Ayna'. Karadeniz kökenli İstanbul'dan gelmiş ana kız sabır ve konularıyla ilgili beceriyle Cunda'nın vazgeçilmez mekânlarından oldu. Ayna ailesi, temizlik ve doğal gıdalar konusunda prensip sahibi, kendi özel çeşitlerini yaratmış bir aile. Şımarık pilavı, Ahtapotlu makarnası, kiremitte köftesi ve bunun gibi çeşitleri. Hepsi birbirinden özel ve güzeldir. Geçenlerde ilk defa denedikleri 'topik' benim çok sevdiğim, yapmasını hiç denemediğim Ermenilerin mutfağına ait bir yemektir. Babam çok güzel yapardı. Zamanında dikkat etmemişim. Şimdi çok güzel bir neticeyle karşılaşınca çok sevindim. Derhal tarifi tatbik edeceğim. Bayan Ayna'nın kaleminden tarifi aynen nakilediyorum.

Cunda Ayna Restoran'ın sahibesi ve aşçısı Nihal Hanım'ın isteğim üzerine verdiği tariftir:

TOPİK

- 2 su bardağı nohut
- 2 küçük patates
- 1 çorba kaşığı tahin

Bir gece suda bekletilmiş nohut, patates, tahin ve tuz öğütücüden geçirilir.

İçi için;

- 1 kg. soğan
- 3 çorba kaşığı fıstık
- 3 çorba kaşığı kuş üzümü
- 4 çorba kaşığı tahin
- İsteğe göre tarçın, yenibahar, karabiber, tuz

Piyazlık doğranan soğanlar büyük bir sabırla saydamlaşana kadar az zeytinyağında kavrulur. Diğer malzemeler de eklenerek iç malzeme hazırlanır.

Önceden hazırlanmış 15x15 kare kesilmiş tülbentlere önce nohut ezmesi açılır, iç malzeme ortasına konarak bez yardımı ile yuvarlaklaştırılır. Bir gece dolapta bekletilir. Zeytinyağı ve tarçın eklenerek servis edilir.

Sene 2015

Ayna'nın sahibesi sevgili Nihal, aynı zamanda emekli edebiyat öğretmenidir. İki sene önce kendisine yazmaya çalıştığım kitabımın müsveddelerini okuttuğumda; beğenilerini sunmuş yaptığı düzeltmelerden sonra bir öneride bulunmuştu. Bir müddet ara verip kitabımı demlendirmemi, hızlı gelişmelere tanık olduğumuz günlerin getirileri ile bir daha gözden geçirmemi tavsiye etmişti. Haklıydı. Yaşam mutfağı da, ev mutfağı da son senelerde yeniliklerle bezendi. İnsanlar daha farkındalıklı, daha sağlıklı yaşayarak ona göre zamanlarını da, gıdalarını da daha farklı tüketmeye başladılar. Bu izlenimlerimi ve son iki senede yaşadığım olayları eklemeden kitabımı noktalamak istemiyorum.

1) Ülkemin mutfağında bilinçli bir çalışma içinde lezzetli yemekler pişmeye başladı. Aşçılar değişti, aktif uyanık çok çeşitli malzemeler kullanan renkli bir mutfak fotoğrafı var. Rehavet sonrası bu çeşitliliğin neticesini izledik.

2) Eğitim sistemimiz yoğun bir asimilasyon içinde yapılandı. Kürt'ü, dindarı, Rum'u, Ermeni'si, her kesimden tüm öğrencilerin okuma alanları bir bütün içinde daha pratik ve bilim modelleri ile donatılarak uygulanmaya başladı.
3) İnşaatta, iletişimde, ulaşımda, teknolojide, sağlık kurumlarında olumlu icraatlar yurdumun gelişim ivmesini yükseltti.
4) Tarım, sanat faaliyet ve destekleri bu gelişmelerden maalesef nasibini alamadı.
5) Bilinçlenen dünya insanı artık evinin mutfağına girmeye, sağlıklı yiyecekler pişirip tüketmeye gayret ediyor.

Bu kanıya nasıl vardım. Piyasada satılan gıda malzemelerinin yakın zaman öncesine nazaran daha temiz, ambalajlı, yakın tarihli ve üzerinde bilgilerinin ve denetiminin olduğunu görüyorum. Gazete ve televizyonda yetkili kişiler tarafından yapılan 'sağlıklı beslenme' ile ilgili uyarılar ilgiyle izlenip tatbik edilir oldu. İnternet ağı özellikle gençlerde bilgiye rahat ulaşımı sağladığı ve çoğunluk tarafından izlenirliği olduğu için gelişmeleri herkes takip etmekte.

Neler değişti?

- Kızartma hayatımızda çok az yer almaya başladı. Adeta yediğimizde 'kaçamak' adı altında vicdanımızı rahatlatıyoruz.
- Asitli, çok tuzlu, çok acılı gıdalardan uzak durmaya çalışıyoruz.
- Sütün direkt tüketilmesindense, süt mamullerinin kullanılması tercih ediliyor.
- Sık ve az yemek, güneş batımından sonra mümkünse yemek olayına girmemek öneriliyor.
- Sebzeleri çok pişirmeden, mümkünse çiğ tüketmeyi tercih ediyoruz.
- Günde bir öğün et ya da balık yememiz gerekiyor.
- Yumurta, yoğurt ve peynir soframızın olmazsa olmazları.

- Yumurta ve tereyağı sofrada sınırsız kullanımına izin verilerek aklandı.
- Zeytinyağı ve tereyağında kavurma ve kızartma yapılmaması öneriliyor.
- Yemek yaptığımız gereçler daha sağlıklı ve kısa sürede pişirmeye elverişli oldu, Bakırlar, teflonlar, alüminyum ve emayeler yerini çelik, döküm kaplara bıraktı. Düdüklü kullanımı arttı. Saklama kaplarında cam, porselen veya çelik tercih edilmekte.
- Haşlama yerini, buharda pişirmeye terk etti. Tabii bu gelişmeleri takip eden firmalar, bu işlemler için birçok çeşit kap kacak ve makineler ürettiler. Kısa sürede sağlıklı gıdaya ulaşma adına bu gereçlere sahip olunuyor. Artık dünyada kadın evinin emekçisi statüsünden kurtulup para kazanır oldu. Şimdilerde iş hiyerarşisi, kadının arkasındaki alana bir başka kadına işini terk ederek bir istihdam yaratmasını sağladı.

Şimdilerde evlerimizde bu farkındalık şemsiyesi altında neler pişiyor?

Arkadaşım Ekru, kızı ve kendi iki kişilik bir aile. Ayrılmış olduğu eşi nadiren yemeğe evlerine geliyor. Üniversitede okuyan kızının erkek arkadaşına her hafta sonu bir sofra hazırlanıyor. Bayan Ekru ayda bir kızının lise ve üniversite arkadaşları ile yemekli toplantılarda bir araya geliyorlar. Bunun dışında mutfak programları ana kız için standart bir çizgiye oturmuş durumda. Tüm yaşamını kızına adamış bir annenin buzdolabında değişmeyen malzemeler: Çok çeşit peynir (hellim, süzme, keçi, burgu vb.), badem, ceviz, laktozsuz yoğurt, tereyağı, zeytin, yumurta, incir reçeli, (ev yapımı) maydanoz, dereotu, nane, brokoli, göbek salata, sarı-kırmızı-yeşil biberler, havuç, soya sos, acı sos ve turşu, şeftali, kiraz, elma, ananas, ayşe kadın pişmeyi bekliyor, enginar-makarna ve tavuk (salata üstünde kullanmak üzere) pişmiş ve göz altı kremi...

Arkadaşım bu listeyi dolabına bakarak bana yazdırdı, son parçayı söylediğinde epey gülüştük. Tabii, yaş elliyi geçince sağlıklı yaşam gibi sağlıklı görünebilmek için de bazı takviyelere ihtiyaç oluyor.

Enginarı soğan ve zeytinyağı ile yeteri kadar pişirdiğini ifade etti. Eskiden soğanları halka doğrayıp havuçla beraber yağda kavurduktan sonra enginarların içine doldurduğunu, şimdilerde kavurmadan çiğden pişirmeyi tercih ettiğini söyledi. Keza makarnayı yeteri kadar suda suyunu çektirerek, yağ ve karabiberle sosladığını söyledi. Tavuğu az suda pişirdikten sonra öğle yemeği yerine salata üstünde tüketmeyi tercih ediyormuş.

Sevgili Ekru bu denetimden sonra sade kahvelerimizi yaptı. Mutfak masasına oturdum. O mutfağının camını araladı ve tüm zarar ve günahlarını camdan dışarı üflercesine sigarasını yaktı!

❀ ❀ ❀

Diğer bir arkadaşım, o da Bayan Ekru kadar evine düşkün bir ev kadını. Sevgili Turkuaz. Cundalı. Kökenleri Girit'e uzanıyor. Mübadil olarak 1920'de gelmişler. Ailenin tek kızı. Evlenmeden önce traktör tepesinde tarlada, zeytinliklerde buranın coğrafyasına kültürüne uygun yetişmiş, özü sözü doğru yüksek bilinçli güzel bir kadın. Biri erkek, biri kız iki evlat yetiştirmiş. Kendi kopyası bir kız torunu var. Sevgili Turkuaz şimdilerde tarladan, otellerinden elini eteğini çekmiş, görevlerini oğlu devam ettiriyor. Buranın coğrafyasına alışkanlıklarına uygun bir beslenme düzenleri var. Evine uğrayıp mutfağındaki malzemelere baktım. Geçmiş zamanla ilgili farklılıkları sorguladım. Netice beni sevindirdi. Sizlerle paylaşmak istiyorum.

Buzdolabını açarken, "Bugün alışveriş yapacağım dolap tam takır," dedi. Dolabının içinde lor peyniri, kupa balığı, kavrulmuş kıyması, tahin helvası ve az miktarda kırmızı ve beyaz lahana vardı.

Haftada en az üç gün balık pişirdiklerini, et olarak kuzu etini tercih ettiklerini söyledi. Yaklaşık yirmi senedir eve tavuk sokmadıklarını ilave etti. "Balığı gereği ne ise öyle pişiririm. Kızartma olacak balıkları taze yağda yakmadan kızartırım. Bugün kupa balığım var. Fırında boklu ızgara yapacağım."

Bu bilgiden sonra kağıdı kalemi elime alıp, bu akşamki sofrasının birebir tarifini yazdım.

"Bu mevsimde Cunda'da kupa balığı yenir. Havyarlıdır. Onun için temizlenmez. Pullarını bile ayırmaya gerek yoktur. Tepsiye aldığı kadar su koyarım üst göze tepsi ve üzerinde ızgarası, üstünde hiçbir işlem yapılmamış kupaları sıralarım. Yerken kabuğu zaten ayrılır. Bembeyaz etini bıçağın ucunla kesesini yırtmadan kılçıktan ayırırız. Bok kesesi dağılmadan ayrılır. Havyarı ile beraber üzerine tuz limon ince maydanoz karışımı sosu döktünüz mü harika olur. Onun yanına kırmızı ve beyaz lahanaları ince doğrayıp tuzla ovarım. Üzerine rondoda parçalanmış brokoli ve sarımsağı yayarım. Zeytinyağı, limon, tuz, şeker, biraz da sirke karışımını döktüğümde güzel bir garni olur. İşte akşam için planladığım sofra böyle şekerim."

"Harikasın arkadaşım. Aynısını ben de bu akşam yapacağım."

Bayan Turkuaz'dan aldığım bilgiler bu kadar değildi. Yaklaşık on senedir kutulu hiçbir ürün tüketmemeye gayret gösterdiğini söyledi. Üç tane keçileri varmış. "Şu anda hamile oldukları için sütünü alamıyoruz. Kesinlikle marketten süt almıyorum," dedi. Yoğurdunu kendi mayalıyor, fast food asla kullanmıyorlarmış. Gazlı içecekleri evine sokmadığını, taze meyve suyu tükettiklerini söyledi.

Sevgili Turkuaz, bu kadar bilinçli beslenirken kurtulamadığı alışkanlıkları hatta ben ona zaafları var diyeceğim. Fazla kahve tüketimi yanında bağımlı bir sigara tiryakisi!

Bayan Su Yeşili: Ahretliğim benim, kadim yol arkadaşım. Aydınlanmış bilinçli bir ev kadınının bakalım mutfağı ne âlemde?

Arkadaşım Cunda'da yerleşim yerine biraz uzak bir bölgede bulunduğu için haftalık alışverişini genellikle pazardan taze mevsim sebze ve meyvelerini seçerek yapıyor. Eşi ile birlikte kış yaz

Cunda'da yaşıyorlar. Evleri sobayla ısınıyor, bazen şikâyetçi olsa da sağlıklarını buna borçlu olduklarını düşünüyorum. İki katlı bir evde devamlı merdiven kullanmak, soğuk ve sıcakla barışık yaşamak, soba yakmak için gösterdikleri çaba altmışlı yaşların üzerinde kişiyi dinç tutmak için doğal egzersizlerdir. Aldıkları keyifte cabası. Külde pişmiş patates ve kestaneleri anlattıkça imreniyorum adeta.

Su Yeşili'ne buzdolabında neler olduğunu sorduğumda şunları sıraladı: Mandalina, portakal, kıvırcık salata, donmuş etler (koyun ve dana) yumurta, yoğurt, iki çeşit peynir, ev reçelleri, salça, ilaçlar, bugün pişirdiği lahana dolması, kıymalı ve peynirli yufka böreği, (teflon tavada alt-üst yaparak pişmiş) tereyağı ve süt.

Balıkla ilgili son senelerde birçok arkadaşımızın başına gelen (benim eşim de dahil) kurşun ve cıva zehirlenmelerinden sonra pek fazla tüketmek istemediklerini söyledi, tavuğu genç yaşlarında çok yediklerini ancak son on senedir gittikçe azatlıklarını ayda bir-iki kere yediklerini ifade etti. Yine on sene içinde sakatat ve kızartmayı sofralarından kaldırmışlar. Canan Karatay'ın önerilerinden çok etkilendiklerini, yumurta ve tereyağı ile daha barışık olduklarını ekledi.

Bütün bunlar gözlemci, farkındalıkları olan bir bilincin mutfağındaki gelişmeler. Sevgili Su Yeşili yemesinde olduğu kadar insan ilişkilerinde, inançlarında da zaman içinde kendini yenilemiş. Her şeyi olduğu gibi kabullenmeyi, severek hoşgörü ile yaklaşmayı benimsemiş bir arkadaşım. Beslenmenin olduğu kadar huzur içinde korku ve şartlanmışlıklardan arınmış, düşünce kirliliğinden kurtulmuş olmanın insan sağlığı için önemini bilenlerden.

❃ ❃ ❃

Yıllar sonra Cunda'da yakaladığımız eski dostlardan biri de Eflatun Ailesi. Rahmetli eşi Öcal ve bayan Eflatun. Onlar biyolojik olarak değil ancak gönüllü birçok çocuğun anne ve babası, dedesi, ninesi oldular. İki sene evvel eşini kaybettikten sonra, yetiştirdikleri bu gençler çok güzel hissi yaklaşımlarla sevgili Eflatun'a bu duyguyu yaşattılar. Av. Tamer yazdığı kitabını Öcal'a ithaf etti. Hepimizi duygulandırdı. Eflatun'un benim için çok özel bir yeri de anneme çok benzemesi. Hani büyüklerimiz beğendikleri birinden bahsederken 'Hükümet gibi' tabirini kullanırlar ya, annem de, Bayan Eflatun da işte böyle kadınlar.

Maalesef kurtulmak istemediği sigarasının bedenine verdiği hasarla nefes nefese dükkânımdan içeri girdi ve evdeki buzdolabının içindekileri önce sıraladı.

❀ ❀ ❀

Bütün bu örnek yaşamları siz sevgili okurlarıma aktarırken, varmak istediğim bir nokta var. Kitabımın başında insanoğluna verilmiş önemli hazır sermayelerden bahsetmiştim. İşte bu sermayeleri bilincimizden hücrelerimize taşıyabilip özümsersek, her şeye rağmen lezzet alarak yaşamanın sırrına varmış oluruz. Ne zamanın hızı, ne çevre baskıları, ne ekonomik zorluklar, hatta yaraladığımız vicdanımız dahi bizi lezzet almaktan alıkoyamaz. Mutfağımızın değişen profiline rağmen yemekten hala haz alabilmemiz gibi!

❀ ❀ ❀

Son sayfalarıma geldiğim kitabımdan kopamıyorum. Kitabımla bir bütün oldum sanki. Eline alıp okuyan herkesin evine, mutfağına, sofrasına, hatta kalbine girebileceğime inanıyorum. Yepyeni dünyalara ulaşacağımı sanıyorum.

İçimdeki coşku dolu sevgimi gönderiyorum. Verdiğim tarifler ışığında yarattığınız bereketli, lezzetli sofralarınız eksik olmasın. Yaşantımdan aktardığım notlardan sizlere bir şeyler aktarabildiysem ne mutlu bana. Kitabımı bitirmenin büyük lezzeti ile bana bu yolda yardımları olan gönül dostlarıma ve okurlarıma teşekkür ediyorum. Mutlu kalın.

21 Ocak 2016, dün pazardan aldığım tatlı kabağı ile mutfakta bir şeyler denedim. Neticesi harikaydı. Son olarak sizlere sevgili okurum onları tarifini de aktarıyorum.

Kabak Mor Tatlısı

Büyük bal kabağının sap kısmından iki parmak ötesinden bir daire işaretler, bıçağımızı batırıp huni şeklinde bir kapak keserek çıkarırız. İçindeki çekirdeklerini temizler, ortaya çıkan boşluğu göz kararı ile üçe bölerek 1/3 şeker, 1/3 iri çekilmiş ceviz, 1/3 süt ve 1 paket vanilya koyarak kapağını kapatır, 300 derece fırında, mümkünse çarşı fırınında 3 saat pişiririz. Sofraya getirdiğimizde kapağını açıp dilim dilim keseriz.

Kabak Mor Pilavı

Yukarıda tarif ettiğim gibi kabağın kapağını çıkarıp, içini temizleriz. Avucumuza aldığımız 5 diş ezilmiş sarımsakla içini sıvarız. Kapağı kapatır 300 derecede 2 saat pişiririz. Kabak pişerken, pilav tenceresinde halka doğranmış bir soğan, kabak çekirdeği içi bir fincan, sarı üzüm bir fincan, kuru dut ve doğranmış kuru kayısı, badem birer fincan, tereyağında kavrulur. 2 bardak pirinç, birer tatlı kaşığı tuz ve şeker ilave edip 2 bardak su ile pişiririz. Fırından çıkan kabağımızın içine bu pilavı döker bir bardak daha su ilave ederek fırında 1 saat demlenmeye bırakırız.

Afiyet olsun...